온라인
수업 제작
무작정 따라하기

온라인 수업 제작 무작정 따라하기

The Cakewalk Series-Online Class Production

초판 발행 · 2021년 3월 1일

지은이 · 문택주, 정동임
발행인 · 이종원
발행처 · (주)도서출판 길벗
출판사 등록일 · 1990년 12월 24일
주소 · 서울시 마포구 월드컵로 10길 56(서교동)
대표 전화 · 02)332-0931 | **팩스** · 02)323-0586
홈페이지 · www.gilbut.co.kr | **이메일** · gilbut@gilbut.co.kr

기획 및 책임 편집 · 정미정(jmj@gilbut.co.kr) | **디자인** · 황애라 | **제작** · 이준호, 손일순, 이진혁
영업마케팅 · 임태호, 전선하, 차명환 | **웹마케팅** · 조승모, 지하영 | **영업관리** · 김명자 | **독자지원** · 송혜란, 윤정아

편집진행 및 교정교열 · 방세근 | **전산편집** · 이기숙 | **CTP 출력 및 인쇄** · 두경M&P | **제본** · 금강인쇄

ISBN 979-11-6521-476-0 03370
(길벗도서번호 007094)

정가 18,000원

온라인 수업을 위한 자료 제작부터
실시간 쌍방향 원격 수업까지!

온라인 수업 제작

무작정 따라하기

길벗

코로나19 이전에도 교육(Education)과 기술(Technology)이 결합된 신조어인 에듀테크(Edu-Tech)라는 단어는 교육계의 화두였습니다. 현재 교육부와 시도교육청의 적극적인 지원으로 대부분의 학교에는 수업용 스마트 패드와 무선 인터넷이 가능한 와이파이 시설이 구비되어 있습니다. 하지만 제아무리 좋은 스마트 기기라도 이를 활용할 선생님의 교육 콘텐츠인 소프트웨어가 없으면 고철에 불과할 것입니다. 미래 사회는 디지털 기기를 활용한 사고력과 창의성의 발휘를 중요시하는 방향으로 나아가고 있는데, 아직도 칠판 앞에 서서 학생들에게 일방적으로 교육 내용을 전달한다면 정작 공교육은 사회 변화상을 반영하지 못하고 있다는 비난을 받을 수밖에 없을 것입니다.

학생들이 공공·민간이 개발한 다양한 콘텐츠로 스마트 기기나 컴퓨터를 통해 자기 주도적으로 배우고, 학교에서 맞춤형 수업을 제공하기 위해 가장 중요한 것은 교육의 주체인 선생님들께서 가장 먼저 에듀테크의 전문가가 되어야 한다고 생각합니다. 이를 가로막는 가장 큰 원인은 새로운 것을 낯설어하고 두려워하는 마음일 것입니다. 이러한 낯섦과 두려움을 효과적으로 없앨 수 있도록, 군더더기 설명 없이 '누구나 따라 할 수 있도록' 프로그램 설치부터 기본과 응용을 순차적으로 실습할 수 있도록 구성하였습니다.

2021년 1월부터 e학습터, 디지털교과서, EBS 등 교육 사이트의 학생 데이터 요금 지원이 종료되고, 실시간 쌍방향 수업에 대한 요구가 더 많아질 상황에서 선생님들은 하나의 플랫폼만을 고집할 필요가 없어졌습니다. 앞으로 구글 클래스룸, MS 팀즈, 향후 출시될 Class for Zoom 등 '공유와 협업의 철학'을 잘 반영하고 있는 해외의 온라인 수업 플랫폼을 사용해봄으로써, 국가 주도의 온라인 수업 플랫폼에 다양한 의견을 내고, 우리나라 교육 현실에 맞게 적용할 수 있는 많은 우수 수업 사례가 나올 수 있기를 희망합니다.

온라인 수업에 있어 걸음마 수준일 수도 있는 이 책이 미래 교사의 핵심 역량이라고 할 수 있는 에듀테크 활용 능력을 길러주는 데 도화선 같은 역할을 해낼 수 있기를 기대합니다.

저자 문택주

2000년대 초부터 온라인 학습 콘텐츠들이 개발되었습니다. 온라인 인터넷 강의 사이트들이 개발되면서 강의 내용을 녹화하여 업로드하여 단방향으로 서비스하는 많은 교육 사이트들이 생겨났습니다. 학원 강사들은 오프라인뿐만 아니라 온라인에서까지 인기 높은 스타 강사가 되었습니다. 온라인 학습 콘텐츠들이 개발된 지 10년 남짓 되었지만 그에 비해 온라인 실시간 학습 도구의 개발은 더디기만 했습니다.

코로나 시대에 접어들면서 대면 교육뿐만 아니라 비대면 교육에 필요한 여러 학습 도구가 개발되면서 어느 때보다 온라인 교육이 발전하고 있습니다.

이 책의 앞부분에서는 웹캠이 없이도 스마트폰을 웹캠으로 활용할 수 있는 방법, PC 화면을 녹화할 수 있는 프로그램, 전문가처럼 멋지게 PPT 문서를 만드는 방법 등을 알아볼 수 있습니다.

우리나라에서도 스마트폰 시대가 되고 검색 엔진으로 구글 점유율이 높아지면서 구글 서비스와 앱을 많이 사용하게 되었습니다. 안드로이드폰 사용자가 많기 때문에 지메일, 크롬은 많이 사용하고 있으나 구글 드라이브, 구글 클래스, 구글 문서, 구글 미트에 대한 활용도는 아직 많지 않습니다. 이책의 중간 부분에서는 구글 앱을 활용할 수 있는 여러 내용을 다루고 있습니다.

구글 앱뿐만 아니라 인기 있는 다양한 실시간 온라인 수업 도구는 마지막 부분에서 다루고 있습니다. 초보 유튜버에게 유용한 내용들, MS 팀즈를 활용한 온라인 수업, 실시간으로 화상 회의를 할 수 있는 Zoom, 우리가 자료실과 채팅방으로 가장 많이 사용하는 밴드와 카카오톡의 숨은 기능까지 알차게 공부할 수 있습니다.

요즘은 랜선으로 제작발표회도 하고, 친구들을 만나기도 하고, 차를 마시기도 합니다. 웹캠이 없어서 Zoom을 할 줄 몰라서 랜선 모임에 참여할 수 없는 당신에게 추천할 수 있는 책이라고 생각합니다. 이 책은 온라인 수업을 주도해야 하는 선생님뿐만 아니라 랜선 모임을 주도하고 참여하고 싶은 많은 분에게 꼭 필요한 내용으로 채워져 있습니다.

이 책을 끝마칠 수 있게 도움 주신 분들께 감사드립니다.

저자 정동임

Part 1

온라인 수업 자료 제작하기

온라인 수업에 필요한 도구를 살펴보고 스마트폰을 웹캠으로 활용하는 방법과 스마트폰에서 녹화하는 방법을 소개합니다. 온라인 수업자료를 제작할 때 필요한 알짜팁을 알아보고 무료 동영상 편집기의 편리한 기능과 온라인 수업용 PPT의 핵심 기능을 소개합니다.

Part 2

구글 클래스룸 활용하기

구글 드라이브의 파일 업로딩, 검색, 공유 등의 기능을 알아보고 구글 클래스룸으로 온라인 교실을 운영하기 위해 필요한 수업 개설, 자료, 과제와 수업 관리 방법을 소개합니다. 구글 문서 도구인 구글 스프레드시트와 구글 프레젠테이션의 특징을 알아보고 수업에 활용하기 편리한 구글 캘린더, 구글 미트, G메일의 숨은 기능도 학습합니다.

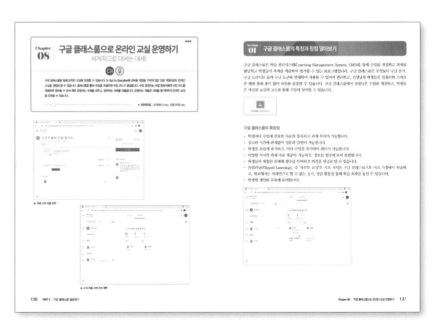

이 책은 온라인 수업을 하기 위해 필요한 내용을 실무 중심으로 구성하였으며 온라인 플랫폼에 대한 이해뿐만 아니라 온라인 수업용 자료 제작의 핵심 노하우를 설명합니다.

Part 3

인기 온라인 수업 도구 활용하기

유튜브 크리에이터 스튜디오에서 업로드한 동영상에 영상 자막을 넣는 방법을 알아보고 MS 팀즈로 온라인 수업을 진행해보고 스마트 기기에서 오피스 365를 연동해봅니다. ZOOM의 주요 기능을 알아본 후 밴드 라이브와 카카오톡 라이브로 온라인 수업을 진행하는 방법을 알아봅니다.

따라하기 과정에서 주의 또는 참고 해야 할 사항을 알려줍니다.

본문에서 설명하지 않은 내용 중 알아 두면 좋은 내용과 저자 만의 노하우를 소개합니다.

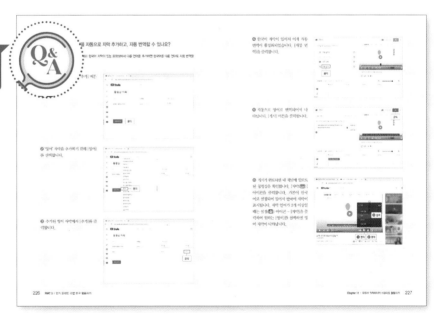

차례

온라인
수업 자료
제작하기

[예제 파일 다운로드] 이 책에 사용된 예제 파일과 완성 파일은 길벗 홈페이지(http://www.gilbut. co.kr/)에서 다운로드할 수 있습니다. 홈페이지에 접속 후 검색란에 "온라인 수업 제작 무작정 따라하기" 를 입력하고 〈검색〉 버튼을 클릭합니다. 도서가 표시되면 [자료실] 탭을 선택합니다. 자료실 항목에서 실 습 자료를 다운로드한 다음 압축을 풀어 사용합니다.

Part

1

온라인
수업 자료
제작하기

온라인 수업을 하려면 먼저 준비해야 할 도구가 많습니다. 쌍방향의 실시간 온라인 수업을 진행할 수도 있고, 온라인으로 콘텐츠를 제공할 수도 있으며, 온라인으로 학생들에게 과제를 제시할 수도 있습니다. 무엇이 선생님들만의 교수법을 잘 전달할 수 있는지 알아야 하며 이에 알맞은 온라인 수업 도구를 선택하여 활용할 수 있어야 합니다. 온라인 수업 자료 제작에 필요한 도구와 알짜팁에 대해서 알아보겠습니다.

온라인 수업 도구의 차이점 제대로 이해하기
온라인 수업 플랫폼 무엇을 선택하나?

여러 가지 온라인 원격 수업 도구 중에서 학교, 선생님 여건에 가장 잘 맞는 온라인 수업 도구를 선택해야 합니다. 쌍방향 실시간 수업 도구가 필요할 수도 있고, 단방향 실시간 수업 도구가 필요할 수도 있습니다. 비실시간 수업 도구로 콘텐츠를 만들어서 제공해야 할 수도 있으므로 온라인 수업 도구의 차이점에 대해서 제대로 이해하고 상황에 가장 적합한 수업 도구를 선택해야 합니다.

▲ 온라인 수업 도구

전통적 교육방식에서의 출석에 의한 대면 수업과 달리 온라인 원격 수업은 서로 다른 시간 또는 공간에서 이루어지는 수업 형태를 말합니다. 인터넷 통신 및 컴퓨터 등과 같은 다양한 교육 매체들을 통해 행해지는 새로운 형태의 대안적 교육방식으로 비대면으로 이루어집니다.

본래 우리나라에서 이루어지는 온라인 원격 수업은 개방 대학이나 방송통신대학 등과 같은 새로운 고등교육 부문과 기업체 연수 및 통신강좌 등과 같은 곳에서 활용되어 왔습니다.

◀ 대면 수업

◀ 비대면 수업

대한민국 온라인 원격교육은 다른 나라에 비해 발전이 느렸습니다. 하지만 코로나 시국을 계기로 교육계에서도 온라인 교육에 대한 중요성을 깨닫게 되었고, 온라인 원격교육에 대한 강점을 알게 되었습니다.

온라인 수업은 실시간 수업, 비실시간 수업(콘텐츠 활용 수업), 과제형 수업으로 실시될 수 있습니다.

■ 운영 형태에 따른 온라인 수업

구분	운영 형태	비고
(쌍방향) 실시간 수업	• 실시간 원격교육 플랫폼을 활용한 화상 수업 • 실시간 토론 및 소통 등 즉각적 피드백 ※ MS 팀즈, Zoom 등 활용	• 수행평가
(단방향) 비실시간 수업	• 학생은 지정된 녹화 강의 및 콘텐츠 시청(강의형) • 교사는 학습 내용 확인 및 피드백 • 학습 콘텐츠 시청 후 댓글 등 원격 토론(강의+활동형) ※ (예시) 유튜브 강좌, 교사 자체 제작 자료 등 콘텐츠 융합	• 콘텐츠 활용 수업
과제형 수업	• 교과별 성취기준에 따라 학생에게 과제 제시 및 피드백 • 학생 활동 수행 → 학습 결과 제출 → 교사 확인 및 피드백 ※ (예시) 과제 제시 → 독서감상문, 학습지, 학습 자료 등 학생 활동 수행 → 　　학습 결과 제출 → 교사 확인 및 피드백	• 기존의 과제형 및 수 행평가

코로나 시대 초기의 온라인 수업은 비실시간 수업(콘텐츠 활용 수업)과 과제형 수업으로 단순 지식 위주의 수업에 그쳤습니다. 대면 수업처럼 학생들끼리 협업학습이나 프로젝트 수업이 이루어지지 않았습니다. 그 결과, 중위권이 사라지고, 교육 격차가 더 커졌습니다. 온라인 수업의 장점인 제공된 콘텐츠를 여러 번 보고 듣는 상위권 학생들은 이를 잘 활용하여 오히려 성적이 향상되었습니다.

시간이 흐를수록 학교·교사별 편차나 학부모·사교육 조력 여부 등에 따라 교육 격차가 심화될 것이라는 우려가 나오고 있으며 온라인 교육은 아직 갈 길이 멉니다.

이러한 상황을 극복하기 위해 교육 전문가들은 교육 격차를 해소할 수 있는 방법으로 '실시간 쌍방향 원격 수업'을 제안하고 있습니다. 전 교과 시간에 실시한 쌍방한 원격 수업을 하면서 적절한 콘텐츠를 활용하는 수업이 병행되며 학생들이 학교에서처럼 토론하고, 협업할 수 있는 수행평가가 이루어져야 합니다. 실시간 수업 도구와 비실시간 수업 도구, 과제형 수업 도구에 어떤 것이 있는지 알아보고 적절하게 선택하여 수업을 진행해야 할 것입니다.

앞으로 모든 초, 중, 고, 대학생에게 소프트웨어, 온라인 교육이 의무화될 것이고 디지털 학습은 미래 교육이 될 것이기 때문에 코로나 시대가 끝나도 변하는 미래교육에 적응하기 위해 교사, 학생, 학부모 모두 미래 교육에 대비해야 할 것입니다.

Tip **원격 IT의 재택근무**

코로나가 장기화되면서 재택근무가 일상이 된 기업들은 '비대면 회의'와 재택근무의 장점을 체감하게 되었습니다. 눈앞에 없는 직원들이 제대로 일하고 있는지 불안해하던 관리자들도 몇 달간 업무가 차질 없이 돌아가는 것을 보고 안심하게 되었습니다. 단순히 얼굴만 보면서 하는 회의가 아니라 PC가 없어도 모바일로 회의하고, 메신저로 토론하고, 중요 파일을 서로 공유하면서 자유롭게 활용하고 있습니다. 원격 IT는 메신저로 대화를 나누다가 바로 영상회의가 가능해야 하고 회의 내용은 자동으로 기록돼 저장되어야 합니다. 이런 협업 도구로 MS 팀즈나 Zoom 등을 활용하여 회사 업무를 한다면 직원 입장에서는 출퇴근 시간, 비용 등이 절약되고, 기업에서는 사무실 비용, 직원들에 대한 간접 비용 등을 절약할 수 있습니다. 많은 장점들을 가지고 있지만, 아무리 정교한 협업 도구를 사용하더라도 원격근무 환경에서 모방할 수 없는 오프라인 요소가 있습니다. 바로 사무실에서 일어나는 자연스러운 사회적 상호작용입니다. 앞으로 이런 것들을 보완할 수 있는 협업 도구들로 발전할 것이므로 이 시대에 맞게 적절한 협업 도구를 재택근무에 사용하는 것이 중요할 것입니다.

1. 실시간 수업 도구

① 쌍방향 실시간 수업 도구

- Zoom

Zoom은 무료 화상회의 솔루션으로 호스트만 가입하면 참가자는 별도의 가입 없이 호스트 ID와 비밀번호로 회의에 참가할 수 있습니다. 무료 버전은 최대 40분 회의에 100명까지 동시에 회의할 수 있으며, 한 화면에 동시에 49명까지 볼 수 있습니다. 화면을 공유할 수 있고, 채팅, 판서, 주석 기능이 있습니다.

- 구글 미트

구글에 구글 계정으로 로그인하면 별다른 설치 프로그램 없이 구글 미트로 화상회의를 진행할 수 있습니다. 회의 링크 복사로 참가자를 초대할 수 있고, 회의나 수업 중에 서로 채팅으로 의견을 나눌 수 있습니다. 무료 버전은 최대 49명까지 동시 접속자를 한 화면에서 볼 수 있으며, 자료를 공유하여 보면서 수업을 진행할 수 있습니다.

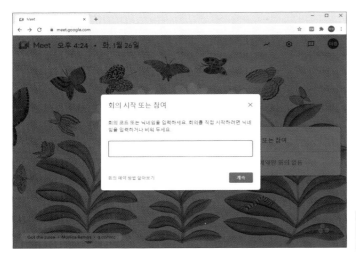

• MS 팀즈

MS 팀즈는 마이크로소프트사에서 개발한 채팅 기반의 협업 도구로 화상회의가 가능합니다. MS 팀즈를 사용하려면 구성원 모두 MS 계정이 있어야 하며 실시간 회의 중에도 채팅을 통해 구성원들과 소통할 수 있습니다. 게시판을 통해 회의 자료를 공유할 수 있으며, 최대 49명의 동시 접속자를 한 화면에서 볼 수 있습니다.

② 단방향 실시간 수업 도구

• 네이버 밴드 라이브

밴드의 글쓰기 기능을 사용하면 라이브 방송을 할 수 있습니다. 밴드는 웹용, PC용 프로그램이 있는데, 인코더 설치 없이 간편하게 밴드의 모든 기능을 사용하려면 모바일 앱을 사용하는 것이 좋습니다. 출석 체크, 과제 공유, 게시판, 채팅 등의 기능이 가능하지만, 라이브 방송 시에는 밴드 개설자의 얼굴만 볼 수 있고, 동시 접속자인 멤버들의 얼굴은 볼 수 없습니다. 시청 인원에는 제한이 없고, 1회 방송 시 최대 2시간까지 방송이 가능합니다.

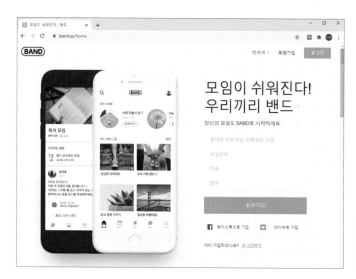

- 카카오 라이브톡

카카오 앱에서 그룹방을 만들면 라이브톡을 통해 실시간 방송을 할 수 있습니다. 라이브톡에서는 그룹방을
만든 사람의 얼굴만 볼 수 있고, 초대받은 사람은 채팅으로 수업에 대한 질문을 주고받을 수 있습니다. 최대
40명까지 동시에 접속할 수 있으며, 라이브톡 이외에 사진, 동영상, 연락처 등을 공유할 수 있고, 출석 체크,
일정 공유도 가능합니다.

2. 비실시간 수업 도구

① PC 화면 녹화 도구

- 오캠

오캠은 PC를 통해서 영상을 녹화할 수 있는 녹화 프로그램으로 학습 콘텐츠 자료를 만들 때 사용할 수 있습
니다. 오캠을 사용하려면 마이크와 웹캠이 PC에 연결되어 있어야 합니다. 웹캠 오버레이 기능이 있어서 PC
영상을 녹화할 때 진행자의 얼굴까지 함께 녹화되며 영상 파일로 저장됩니다.

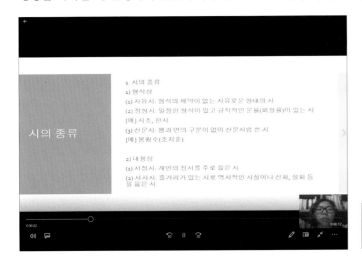

- 파워포인트

파워포인트는 학습 콘텐츠 자료를 만들 때 사용할 수 있습니다. 웹캠과 마이크가 연결된 상태에 파워포인트를 실행한 후 슬라이드쇼 녹화 기능으로 PC 화면을 녹화합니다. 녹화 시 진행자의 얼굴을 포함하여 녹화하게 됩니다. 녹화한 파일은 비디오 만들기로 내보내기하여 영상 파일로 저장할 수 있습니다.

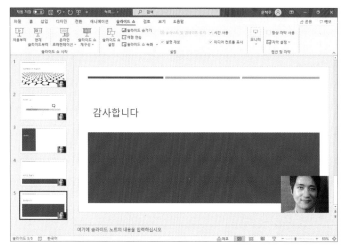

② 모바일 화면 녹화 도구

- 모비즌 스크린 레코더 앱

모비즌 스크린 레코더 앱은 모바일 화면 그대로를 녹화하는 프로그램입니다. PC용 화면 녹화 무료 프로그램의 경우 제한 시간이 있거나 광고가 많다는 단점이 있는데, 모비즌 스크린 레코더 앱은 시간 제한도 없고 광고도 많지 않아서 어렵지 않게 녹화할 수 있습니다. 또한 페이스캠 기능을 사용하면 진행자의 얼굴을 포함하여 녹화할 수 있어서 강의할 때 사용하면 좋습니다.

3. 과제형 수업 도구

단순 지식 기반 과제와 수행평가를 실시할 때 문서 파일(hwp, ppt, pdf 등)로 예제 파일을 제공한 후 학생들에게 제출받을 수 있습니다.

▪ 구글 클래스룸

학교에서 구글 클래스룸을 사용하여 과제를 간소화하고 공동작업을 통해 수행평가가 가능합니다. 간단한 퀴즈 형식의 문제부터 설문, 단답형 문제, 서술형 문제까지 다양한 문제 형태로 학생들이 자유롭게 참여할 수 있고, 미리 성적 기준표를 제시하여 성적표를 산출할 수도 있습니다. 웹 또는 모바일 앱에서 구글 클래스룸을 사용할 수 있으며 G메일, 구글 문서, 구글 캘린더, 구글 미트 등 이미 사용 중인 여러 가지 도구와 함께 활용할 수도 있습니다.

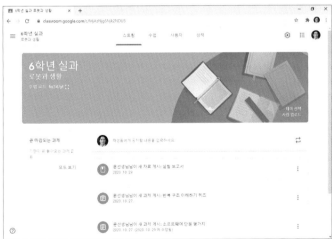

분류	클래스 개설 여부	초대 방식	과제 소스	학습관리 기능	평가기능	공동 관리 배정	비고
구글 클래스룸	○	초대 코드 공유, 교사가 직접 초대(후 학생의 초대 수락)	구글 문서 도구 활용 가능, 그 외 hwp, pdf 등	과제 제출 기한 설정 가능, 공지 기능, 퀴즈, 질문 자료 탑재, 설문지, 성적 기준	과제별 점수 부여 가능	협업교사 추가 가능	
구글 미트	○	이메일, 초대 코드로 초대, 초대 링크(선생님 수락 후 참여)	×	×	×	×	실시간 쌍방향, 화면 공유, 채팅
Zoom	○	초대 링크, 회의 ID와 암호로 초대	자체 제작 자료	×	×	×	실시간 쌍방향, 화면과 파일 공유, 채팅, 수업 녹화 기능
MS 팀즈	○	교사가 직접 초대(학생도 회원가입 필요)	마이크로소프트 오피스(워드, 엑셀, 파워포인트 등)	과제 제출 기한 설정 가능, 공지 기능, 퀴즈, 질문자료 탑재, 성적 기준	과제별 점수 부여 가능	×	실시간 쌍방향, 화면과 파일 공유, 채팅
네이버 밴드	○	초대 링크 QR 코드 공유 등으로 사용자 초대 가능	자체 제작 자료	일정, 할 일, 게시판 자료 공유, 투표, 출석 체크 등 활용 가능	×	공동리더 설정 가능	실시간 단방향, 채팅, 수업 녹화 기능
카카오톡	○	그룹 채팅방으로 초대	자체 제작 자료	과제 제출 기한, 일정, 할 일, 게시판 자료 공유, 투표, 출석 체크 등 활용 가능	×	×	실시간 단방향, 채팅

온라인 원격 수업을 할 때 알아두면 좋은 팁이 있나요?

온라인 원격 수업을 하려면 먼저 PC에 마이크와 카메라가 연결되어 있는지 확인하는 것 외에도 여러 사람이 함께 수업을 하는 것이므로 서로 지켜야 할 예의 같은 것을 알아두면 좋습니다.

■ 수업 전

- 미리 마이크와 웹캠 연결 상태를 확인합니다.
- 수업 전에 수업 참석 여부를 체크하여 수업이 지연되지 않도록 합니다.
- 온라인 수업 시작 전에 접속 준비를 하고 대기합니다.
- 보다 원활하게 온라인 수업이 진행될 수 있도록 선생님을 제외하고, 모두 음소거합니다.
- 참석 후 출석 체크를 한 후에는 웹캠도 끄고 주최자가 공유한 자료로 수업을 진행하는 것이 좋습니다.

■ 수업 중

- 발표 중 질문은 채팅 창을 활용합니다.
- 모든 세션은 대면 수업 시간과 같게 합니다.
- 세션 마지막에 질의 응답 시간을 가집니다.
- 세션 녹화 시 시작 전에 녹화 사실을 모든 참석자에게 알립니다.
- 쌍방향 수업에 나오는 선생님 얼굴과 참석자 얼굴을 캡처해서 사용하면 개인의 초상권 침해가 되어서 절대 안 된다고 고지합니다.
- 학습 자료는 수업과 숙제용으로만 사용합니다. 만약 다른 곳에 사용하면 저작권법에 위배되어 처벌받을 수 있음을 고지합니다.
- 원격 수업 공간에서 사용하는 채팅, 게시판에서는 서로 예의를 지키고 험한 말을 사용하면 안 됩니다.

■ 수업 후

- 녹화 영상은 게시판에 공유하여 불참자 및 참석자가 여러 번 볼 수 있게 제공합니다.

스마트폰을 웹캠으로 활용하기
웹캠을 구할 수 없다?

웹캠을 사용해서 화상회의를 준비하거나 실시간 온라인 수업을 준비할 때 무엇보다 필요한 것이 웹캠입니다. 노트북에는 웹캠이 기본으로 설치되어 있으나 회사나 학교에서는 대부분 데스크톱을 사용하기 때문에 따로 웹캠이 필요할 때가 많습니다. 이럴 때 스마트폰을 웹캠으로 활용할 수 있습니다. 웹캠 프로그램을 PC와 스마트폰에 설치하고 화면을 녹화하여 활용하는 방법에 대해서 알아보겠습니다.

■ 완성파일 : 녹화_오캠.mp4

▲ 스마트폰을 웹캠으로 사용하기

▲ 드로이드캠 앱

웹캠은 웹(web)과 카메라(camera)의 합성어로, 인터넷으로 화상을 통해 전화하거나 상황 등을 파악하고자 할 때 컴퓨터에 연결하여 사용하는 카메라입니다. 웹캠은 주로 영상 채팅을 할 때 사용되며, 미리 영상을 찍어 콘텐츠로 인터넷에 제공할 때도 사용합니다. 웹캠은 실시간 이미지 전송을 통한 광고, 원거리 모니터링 기능, 교통상황 전송 등 특히 인터넷 실시간 화상회의, 화상 수업에 많이 활용됩니다.

❶ **렌즈** : 카메라 렌즈를 사용하여 촬영하고 촬영 장면을 전송합니다.
❷ **마이크** : 내장된 마이크로 영상 통화와 개인 방송 등의 화상 통신용으로 사용됩니다.
❸ **케이블** : 웹캠을 컴퓨터와 연결하는 데 사용합니다.

 윈도우10에서 웹캠 설정 변경하기

데스크톱에는 웹캠을 연결해야 하지만 노트북에는 웹캠이 기본으로 설치되어 있습니다. 웹캠으로 인해 사생활 침해를 받을 수도 있기 때문에 윈도우10에서 웹캠의 접근 권한 설정을 변경할 수 있습니다. [설정]에서 [개인 정보]를 클릭한 후 [카메라] 메뉴를 선택합니다. [카메라] 항목에서 [앱에서 카메라에 액세스하도록 허용]을 [켬]으로 설정하면 카메라를 사용할 수 있고, [끔]으로 설정하면 카메라를 사용할 수 없습니다.

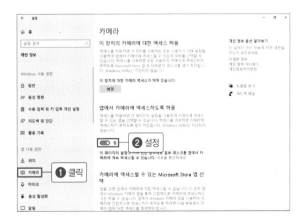

① 스마트폰에서 드로이드캠 앱을 설치하기 위해 홈 화면에서 [Play 스토어] 앱(▶)을 터치한 후 Play 스토어의 검색창에 'droidcam'을 입력하여 검색합니다. 검색 목록에서 'DroidCam'의 [설치]를 터치합니다.

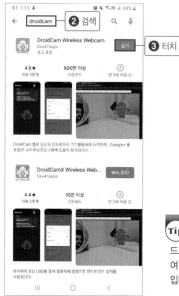

Tip) 드로이드캠 앱

드로이드캠 앱은 안드로이드폰에서 웹캠이 없는 PC와 연결하여 화상 채팅 프로그램에서 웹캠 역할을 할 수 있게 해 주는 앱입니다.

② 드로이드캠 앱 설치가 완료되면 [열기] 버튼를 터치합니다. 화면의 내용을 읽은 후 [다음]을 터치합니다.

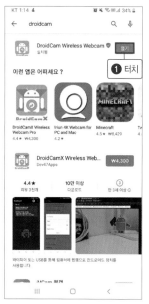

Tip) 앱스 화면에서 실행

드로이드캠 앱을 설치한 후에는 앱스 화면에서 [DroidCam] 앱(📷)을 터치하여 실행합니다.

❸ 드로이드캠 앱의 사용 방법에 대한 설명을 읽은 후 [알겠습니다] 버튼을 터치합니다. DroidCam에서 카메라와 마이크 사용 권한을 허용하겠냐는 물음에 각각 [허용]을 터치합니다.

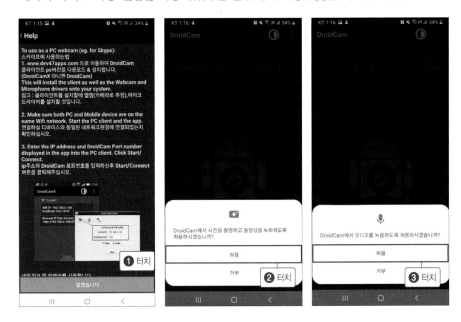

❹ 현재 위치에서 잡히는 무선 네트워크 IP 주소와 드로이드캠 포트 번호가 표시되는데, PC와 연결할 때 IP 주소와 포트 번호가 필요합니다.

Tip 스마트폰과 PC의 동일 와이파이

연결할 스마트폰과 PC가 동일한 와이파이에 연결되어 있어야 합니다. 또한 표시된 IP 주소는 사용자의 현재 IP 주소이므로 다른 사람에게 공개되지 않도록 주의해야 합니다.

▲ PC 와이파이   ▲ 스마트폰 와이파이

❶ PC의 바탕화면에서 작업 표시줄의 검색 상자에 'droidcam'이라고 입력한 후 Enter↵ 키를 누릅니다. 검색 목록 중 웹 결과 보기의 [droidcam]을 클릭합니다.

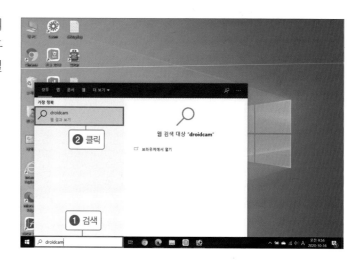

❷ 웹 브라우저가 실행되고 droidcam과 관련된 검색 목록이 표시되면 Dev47Apps 의 [번역 보기]를 클릭합니다.

Tip 윈도우10의 기본 웹 브라우저가 마이크로소프트 엣지(Microsoft Edge)이므로 작업 표시줄의 검색 상자에서 웹 검색을 하면 자동으로 웹 브라우저 마이크로소프트 엣지가 실행되고 빠르게 검색해 줍니다.

❸ 외국 사이트가 한국어로 번역되어 나타납니다. 윈도우용 프로그램을 다운로드하기 위해 [다운로드 윈도우 클라이언트]를 클릭합니다.

④ 윈도우용 실행 파일 중 [DroidCam Client]를 선택합니다. 실행 파일의 다운로드가 진행되고 완료되면 [파일 열기]를 클릭합니다.

⑤ 설치 마법사 창이 나타나면 [Next] 버튼을 클릭합니다.

⑥ 이용 약관에 동의하기 위해 [I Agree] 버튼을 클릭합니다.

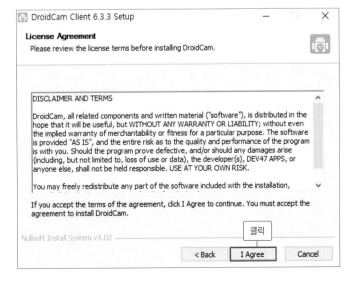

❼ 설치 파일 위치는 기본 설정 그대로
두고 [Next] 버튼을 클릭한 후 [Install]
버튼을 클릭하여 설치를 진행합니다.

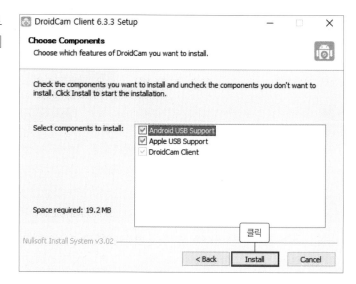

❽ 설치가 완료되면 [Finish] 버튼을 클
릭합니다.

❶ PC의 바탕화면에서 [DroidCamApp] 아이콘(📷)을 더블클릭하여 드로이드캠 프로그램을 실행합니다. 스마트폰과 PC를 무선 와이파이로 연결하였으므로 'Connect' 창에서 [📶]를 선택하고, Device IP와 DroidCam Port에 스마트폰에서 출력된 IP와 포트 번호를 각각 입력합니다. 스마트폰의 영상과 마이크를 모두 사용하기 위해 'Video'와 'Audio'에 체크하고 [Start] 버튼을 클릭합니다.

▲ 스마트폰의 드로이드캠 앱 화면   ▲ PC의 드로이드캠 프로그램 화면

❷ 스마트폰의 후면 카메라가 비추는 영상이 드로이드캠 화면에 보입니다. 스마트폰이 웹캠 역할을 하므로 영상 구도를 잘 맞춰서 수업 준비를 하거나 화상회의를 준비합니다.

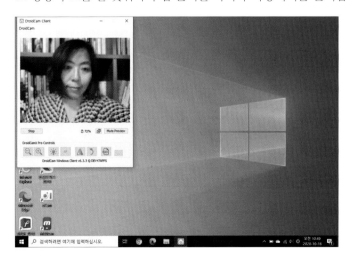

Q&A 스마트폰과 PC를 무선으로 연결하였더니 웹캠이 자꾸 끊겨요. USB로 연결하는 방법은 없나요?

스마트폰과 PC를 무선으로 연결해서 웹캠으로 사용하면 자주 끊기고, 배터리도 빨리 소모됩니다. 이때 USB로 연결하여 사용하면 끊기지도 않고 충전하면서 웹캠으로 사용할 수 있습니다. USB로 연결하는 방법에 대해서 알아보겠습니다.

❶ 스마트폰과 PC를 USB 케이블 선으로 연결하면 스마트폰에 휴대전화 데이터에 접근 허용 창이 나타나는데, [허용]을 터치합니다. PC 바탕화면에서 [DroidCamApp] 아이콘(⬚)을 더블클릭하면 'Connect' 창에 [⬚]가 활성화되어 있고, [⬚(Reflash)] 버튼을 클릭하면 장치가 없다고 표시됩니다.

▲ 스마트폰

❷ 다시 스마트폰에서 [설정] 앱(⚙)을 터치하여 설정 화면에서 [휴대전화 정보]나 [디바이스 정보]를 터치한 후 [빌드번호]를 7~8번 터치합니다.

❸ 스마트폰에 비밀번호나 패턴이 보안으로 설정되어 있는 경우 비밀번호나 패턴을 입력한 후 다시 이전 화면으로 이동하면 [개발자 옵션]이 보입니다. [개발자 옵션]을 터치한 후 개발자 옵션 화면에서 [USB 디버깅]을 터치하여 활성화합니다.

❹ 다시 PC에서 드로이드캠 프로그램을 실행하고, Connect 창에서 [🔄(Reflash)] 버튼을 클릭하면 연결된 스마트폰 모델명이 나타납니다. [Start] 버튼을 클릭하면 끊김없이 스마트폰을 웹캠으로 실시간 수업에 활용할 수 있습니다.

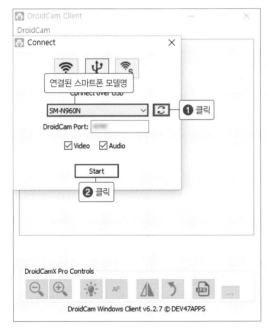

1. 오캠 프로그램의 특징

오캠은 PC를 통해서 영상을 녹화할 수 있는 녹화 프로그램입니다. 인터페이스가 단조롭고 사용이 편리해서 누구나 쉽게 사용할 수 있습니다.

- 온라인 게임과 인터넷 영상을 다양한 포맷으로 제한 없는 길이의 녹화를 안정적으로 진행할 수 있습니다.
- GIF(움짤) 녹화 기능은 물론, 전문 게임 녹화 기능이 내장되어 있습니다.
- 웹캠 녹화 기능이 포함되어 있어서 온라인 수업을 위한 영상을 녹화할 때 화면 내용은 물론, 선생님 얼굴까지 삽입할 수 있습니다.
- 개인이 사용할 때는 무료로 사용할 수 있으나, 기업이나 공공기관에서 사용하려면 유료로 구매한 후에 사용해야 합니다.

> **Tip 녹화 프로그램의 종류**
> 오캠 외에도 반디캠, 곰캠 등이 있으나 무료로 제공하는 다른 프로그램의 경우 녹화 시간 제한이 있거나 인터페이스가 복잡하고 워터마크가 있어서 불편합니다. 오캠은 녹화 시간 제한도 없고 사용법이 쉬워서 누구나 쉽게 사용할 수 있고 워터마크도 없지만 광고가 너무 많아 불편하다는 단점이 있습니다.

2. 오캠 프로그램 창 살펴보기

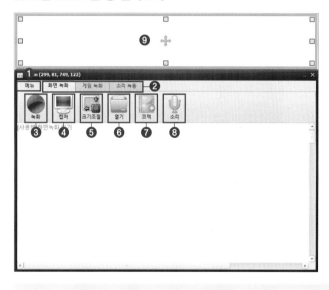

❶ **메뉴** : 옵션 설정, 구매, 도움말, 정보 등을 볼 수 있습니다.

❷ **화면 녹화/게임 녹화/소리 녹음** : 원하는 탭을 클릭하여 녹화의 종류를 먼저 선택하고 녹화를 시작합니다.

❸ **녹화** : 녹화를 시작할 때 사용합니다.

❹ **캡처** : 화면을 캡처합니다.

❺ **크기조절** : 녹화 또는 캡처 영역의 크기를 조절합니다.

❻ **열기** : 녹화된 영상을 불러올 때 사용합니다.

❼ **코덱** : 녹화할 때 사용하려는 코덱을 설정합니다. 각종 내장코덱/외장코덱 설정 및 움짤 GIF 녹화를 선택할 수 있습니다.

❽ **소리** : 화면 녹화 및 소리만 녹음 시 시스템 소리만 녹음할지 마이크도 같이 녹음할지 또는 소리를 녹음하지 않을지에 대해서 설정할 수 있습니다.

❾ **녹화 영역** : 녹색의 영역은 녹화 또는 캡처 영역이 되며, 모서리의 크기 조절점을 드래그하여 녹화 또는 캡처 영역의 크기를 조절할 수 있습니다. [ ]를 드래그하여 녹화 또는 캡처 영역의 위치를 옮길 수 있습니다.

> **Tip** 녹화 영역을 세밀하게 이동하려면 Ctrl키와 Shift 키를 방향키와 함께 눌러서 원하는 방향으로 이동합니다.

Section 06 : 수업 녹화 화면에 선생님 얼굴 삽입하기

1. PC에 오캠 설치하기

① PC의 바탕화면에서 작업 표시줄의 검색 상자에 '오캠'이라고 입력한 후 Enter↵키를 누릅니다. 검색 목록 중 웹 결과 보기의 [오캠]을 클릭합니다.

② 웹 브라우저가 실행되고 오캠과 관련된 검색 목록이 표시되면 'OH!SOFT-오캠 다운로드'를 클릭합니다.

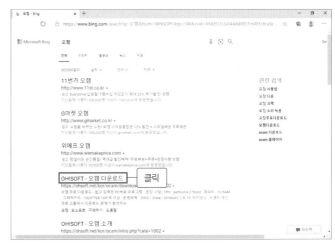

③ 스크롤 막대를 아래로 내려서 오캠 설치 파일을 다운로드하기 위해 [oCam Download] 버튼을 클릭합니다.

❹ 설치 파일의 다운로드 진행이 완료되면 [파일 열기]를 클릭합니다.

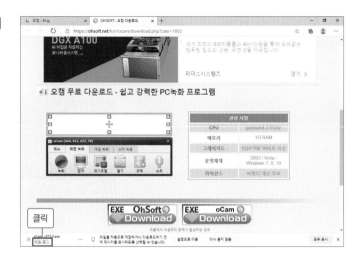

❺ 설치 언어 선택 창에서 '한국어'가 설정된 것을 확인하고 [확인] 버튼을 클릭합니다.

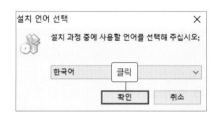

❻ 설치 창이 나타나면 '사용자 계약에 동의합니다'를 체크하고, [다음] 버튼을 클릭합니다. 설치가 진행되고 완료되면 오캠 프로그램이 자동으로 실행됩니다.

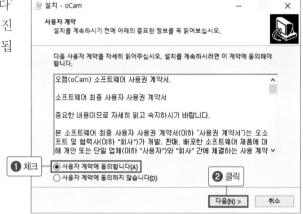

Tip 오캠이 새 버전으로 업데이트된 경우

설치가 완료되면 자동으로 오캠 프로그램이 실행됩니다. 새 버전이 있는 경우에는 새 버전 알림 창에서 [확인] 버튼을 클릭하여 업데이트된 프로그램을 설치합니다. 설치가 끝나면 오캠 프로그램이 재실행됩니다.

2. 화면 녹화 설정하기

❶ 미리 수업 자료를 연 다음 오캠을 실행하기 위해 [시작(⊞)] 버튼-[oCam]-[oCam]을 클릭합니다.

❷ 오캠이 실행되면 [화면 녹화] 탭이 열리고 오캠의 화면 녹화 영역이 녹색으로 나타납니다.

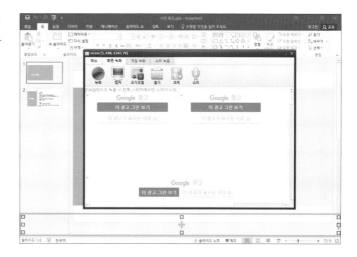

❸ 먼저 수업 영상을 촬영하기 위해서는 전체 화면으로 설정해야 하므로 [크기조절]-[전체화면]을 클릭합니다. 녹화 영역이 전체 영역으로 바뀝니다.

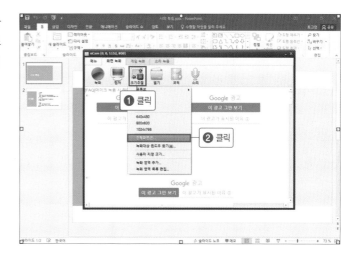

❹ 녹화 영상 저장을 위한 코덱을 설정
해 주어야 합니다. [코덱]을 클릭하면 기
본값으로 [MP4(MPEG-4 파트 14) 컨테
이너]-[Open H 264 + AAC(MP4)]로 설
정되어 있습니다.

> **Tip** 보통 녹화 영상을 저장할 때 가장 일반적으로
> 사용하는 것이 'MP4'이므로 기본값은 그대로 두는
> 것이 좋습니다. 만일 MP4로 설정되어 있지 않으면
> 기본값으로 다시 설정합니다.

❺ [소리]-[마이크]를 클릭하여 [시스템
소리 녹음]과 [마이크]에 체크되도록 설
정합니다.

> **Tip** 수업 영상을 녹화할 때는 시스템 소리뿐만 아
> 니라 마이크를 통한 선생님의 음성까지 녹음되어야
> 하므로 마이크까지 체크되어 있어야 합니다. 마이
> 크는 PC에 연결된 마이크와 웹캠이 없을 때 연결할
> 앱(드로이드캠)의 마이크 중에서 선택할 수 있습니
> 다. 현재 웹캠 앱(드로이드캠)이 연결되어 있을 경
> 우에는 마이크도 웹캠 앱(드로이드캠)과 연결된 마
> 이크를 선택해야 합니다.

3. 옵션 설정하기

❶ 해상도나 단축키, 웹캠 촬영 시 영상
위치 등을 설정하기 위해 [메뉴]-[옵션]
을 클릭합니다.

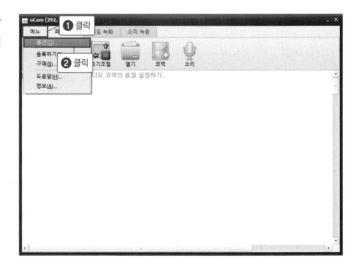

❷ [설정] 대화상자에서 [녹화]의 [일반] 탭에서
커서를 포함해서 녹화하려면 '녹화 시 커서 포함'
을 체크하고, 비디오의 품질은 '매우 높음'으로,
프레임 레이트 모드는 '고정 프레임 레이트'로 선
택합니다.

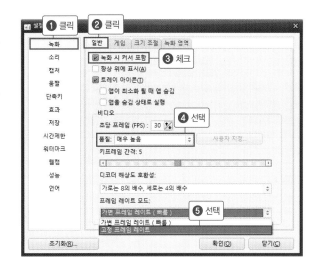

Tip 비디오의 품질은 모니터의 해상도에 비해 떨어지므로,
'매우 높음'으로 설정하였고, 프레임 레이트 모드는 컴퓨터 사
양에 따라 수업 동영상, 화면과 음성이 맞지 않는 경우가 생기
므로 '고정 프레임 레이트'로 설정하는 것이 좋습니다.

❸ 녹화 시 오캠 창까지 함께 녹화하지 않으려면
오캠 창을 최소화시킨 다음에 단축키로 제어해
야 합니다. [설정] 대화상자에서 [단축키]를 클릭
하여 녹화 시의 단축키를 확인합니다. 녹화를 시
작할 때 F2키를 누르고, 중지할 때 다시 F2키를
누르면 됩니다.

❹ [설정] 대화상자에서 [효과]를 클릭하면 마우
스 클릭 시 하이라이트 효과를 설정할 수 있습
니다. '마우스 왼쪽 클릭 효과 추가'에 체크한 후
스타일은 '링', 색상은 '빨강'으로 설정합니다. 크
기와 선 굵기는 기본값 그대로 적용합니다. 미리
보기 화면에서 마우스 왼쪽을 클릭하면 하이라
이트 효과를 확인할 수 있습니다.

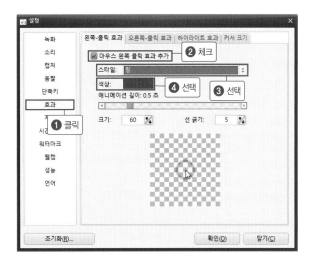

Tip 마우스 클릭 시마다 하이라이트 효과가 나타나는 것이 싫
으면 '마우스 왼쪽 클릭 효과 추가'의 체크를 해제해 줍니다.

⑤ 수업 영상을 녹화할 때 선생님 얼굴을 삽입하기 위해 [설정] 대화상자에서 [웹캠]을 클릭합니다. '웹캠 오버레이 추가하기'에 체크하고, 비디오 크기는 보통 '15%'로 설정합니다. 위치는 오른쪽 아래쪽으로 선택하고 모든 설정을 완료하려면 [확인] 버튼을 클릭합니다.

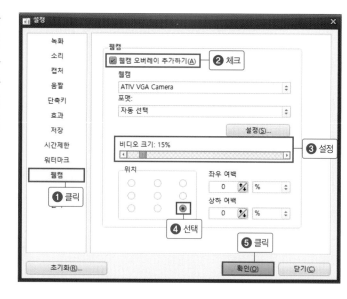

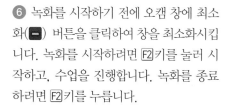
Tip 웹캠에는 자동으로 연결된 캠이 설정되어 있는데, 웹캠 앱(드로이드캠) 등이 연결되어 있을 경우에는 웹캠 앱(드로이드캠)과 연결된 캠이 선택되어 있으므로 주의해야 합니다. 녹화하는 동안에는 웹캠에 선생님 얼굴이 보이지 않기 때문에 웹캠 설정이 잘못되어 있는 경우에는 선생님 얼굴이 삽입되지 않습니다.

⑥ 녹화를 시작하기 전에 오캠 창에 최소화(━) 버튼을 클릭하여 창을 최소화시킵니다. 녹화를 시작하려면 F2키를 눌러 시작하고, 수업을 진행합니다. 녹화를 종료하려면 F2키를 누릅니다.

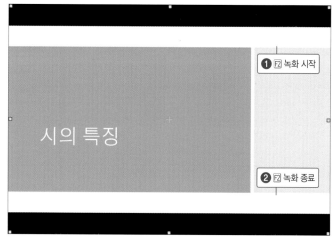

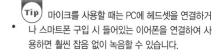
Tip 마이크를 사용할 때는 PC에 헤드셋을 연결하거나 스마트폰 구입 시 들어있는 이어폰을 연결하여 사용하면 훨씬 잡음 없이 녹음할 수 있습니다.

⑦ 녹화한 영상을 확인하기 위해 [열기]를 클릭합니다.

❽ 녹화 영상이 있는 폴더가 열리면 녹화된 영상 파일을 더블클릭합니다.

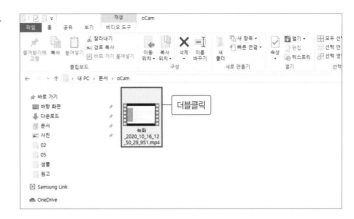

❾ 녹화 영상을 확인합니다.

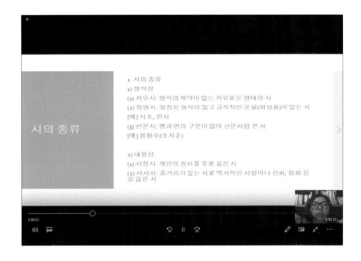

Tip **스마트폰을 웹캠처럼 연결해서 PC에서 화면 녹화하기**

드로이드캠으로 스마트폰을 연결하면 드로이드캠 프로그램뿐만 아니라 다른 영상 녹화 프로그램에서도 스마트폰을 웹캠처럼 사용할 수 있습니다. 옵션에서 웹캠 설정을 'DroidCam Source 3'으로 설정하면 바로 영상 녹화 프로그램이나 실시간 영상 채팅 프로그램에서 사용할 수 있습니다.

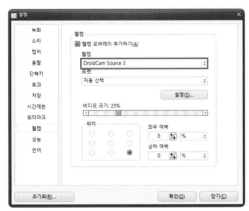

▲ 웹캠에서 옵션 설정

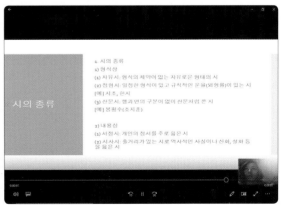

▲ 웹캠으로 영상 녹화한 동영상

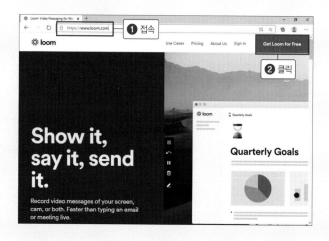

수업 녹화할 때 웹캠 영상을 동그랗게 넣을 수 없나요?

loom이라는 프로그램을 사용하면 웹캠 영상을 동그랗게 넣을 수 있습니다. loom 사이트(https://www.loom.com/education)에서 교육용 이메일을 인증받고 가입할 경우 고급 기능(무제한 동영상, 무제한 시청자, HD 비디오, 드로잉 도구) 등을 무료로 사용할 수 있습니다. 일반인의 경우에는 5분 동영상만 무료로 만들 수 있습니다.

❶ 웹 브라우저를 실행해 loom(https://www.loom.com) 사이트에 접속한 후 [Get Loom for Free]를 클릭합니다.

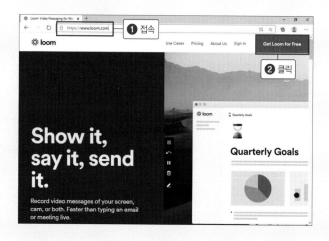

❷ 사용자가 가지고 있는 메일 계정으로 가입할 수 있습니다. [Sign up with Google]을 클릭하여 계정으로 가입을 진행합니다. 직업, 회사 이름, 회사 규모 등의 질문에 대답합니다.

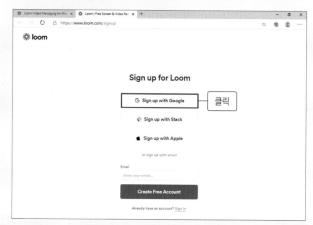

❸ 질문에 대한 답을 완료하면 나의 도서관이 열립니다. [Record a video] 버튼을 클릭합니다.

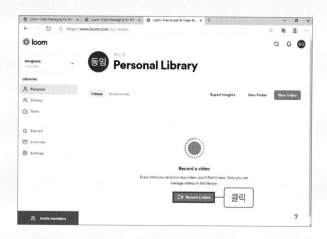

❹ 설치 파일을 다운로드하기 위해 데스크톱 앱의 [Download App] 버튼을 클릭합니다. 설치 파일의 다운로드가 완료되면 [파일 열기]를 클릭하여 설치합니다.

❺ 로그인 창이 나타날 때 가입 시 계정 버튼을 클릭하면 로그인 됩니다.

❻ 녹화를 설정할 수 있는 창이 나타나고, 아래쪽에 웹캠 영상이 동그랗게 보입니다. 화면과 웹캠을 동시에 녹화하기 위해서 [Screen and camera]를 선택하고, [Start recording]을 클릭하여 녹화를 시작합니다.

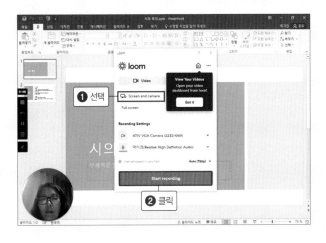

※ 교육자의 경우에는 교육용 사이트(https://www.loom.com/education)에서 가입하여 무료로 loom을 사용하는 것이 좋습니다.

얼굴, 화면, 목소리 함께 녹화하기
스마트폰에서도 온라인 강의할 수 있다?

스마트폰 화면을 그대로 녹화하는 앱을 사용하여 여러 영상을 만들 수 있습니다. 모비즌 스크린 레코더 앱을 사용하면 게임 영상을 하면서 페이스캠을 포함하여 영상을 만들 수 있으며 시간 제한도 없고 광고도 많지 않아서 어렵지 않게 녹화할 수 있습니다. 모비즌 미러링 앱과 PC용 프로그램을 설치하여 스마트폰 화면을 PC에 그대로 미러링하여 미리 강의 자료로 녹화해 둔 영상을 PC로 보여줄 수도 있습니다. 모비즌 스크린 레코더 앱과 모비즌 미러링 앱의 활용 방법에 대해서 알아보겠습니다.

▲ 스마트폰에서 페이스캠 화면 녹화하기

▲ 미러링 앱으로 모바일 화면 PC에 보여주기

Section 01 화면 녹화 프로그램과 미러링 프로그램의 차이점 알아보기

1. 화면 녹화 프로그램

코로나 시대에 온라인 회의와 강의가 많아지면서 스마트폰 화면 속 모습 자체를 모두 녹화하고, 오디오와 페이스캠 영상까지 녹화하여 회의 진행 시 참고 자료로 사용하거나 강의 자료로 사용하기도 합니다. 전에는 PC에서만 화면 녹화 프로그램이 있었지만, 요즘에는 스마트폰 자체 앱으로 화면 녹화를 할 수 있습니다. 페이스캠까지 녹화하려면 화면 녹화 앱을 설치해서 사용해야 합니다. 게임이나 공연 등도 화면 녹화하여 SNS에 공유하기도 하는데, 저작권에 주의해서 사용해야 합니다.

모비즌 스크린 레코더 앱을 사용하면 화면 녹화는 물론, 오디오부터 페이스캠까지 녹화할 수 있고, 클린 모드를 사용하면 에어써클, 워터마크, 시간 표시, 터치 표시를 제외하고 깨끗하게 녹화할 수 있습니다. 무료 프로그램이지만 유료 못지않은 기능을 가지고 있고, 편집 기능까지 있어서 녹화 후에는 원하는 부분만 남기고 잘라낼 수도 있습니다. PC 화면 녹화 기능이 번거롭다면 간편하게 스마트폰을 이용하여 화면 녹화하는 것이 좋습니다.

 Tip 화면 녹화 앱 비교

모비즌 스크린 레코더	아이폰의 화면 기록	안드로이드폰의 화면 녹화
화면 녹화, 캡처, 편집 기능을 가지고 있으며, 페이스캠 기능을 사용하여 강의하는 사람의 얼굴을 포함해 화면 녹화할 수 있습니다.	[설정]-[제어센터]-[화면 기록]을 터치하면 퀵 기능에 [화면 기록] 버튼을 추가할 수 있습니다. 화면을 녹화하려면 아이콘 오른쪽 상단에서 아래쪽으로 드래그하여 퀵 기능에서 [화면 기록] 버튼을 터치해 화면을 녹화합니다. 별다른 설정 앱 없이 녹화할 수 있어 편리합니다.	안드로이드폰 상단에서 아래로 드래그하여 빠른 설정 버튼에서 [화면 녹화]를 터치하여 별다른 설치 앱 없이 녹화할 수 있습니다.

2. 미러링 프로그램

요즘 IT 기기가 발전하면서 PC보다 스마트폰을 더 많이 사용합니다. 회의나 강의 중에 PC 화면에 내 스마트폰을 띄워서 설명해야 할 때, 개인적으로 PC 작업을 오래할 때, 스마트폰까지 한번에 PC로 조작할 수 있다면 좋겠다는 생각이 들 때 미러링 프로그램을 사용하면 좋습니다.

미러링 프로그램은 스마트폰을 그대로 PC 화면으로 거울 보듯이 미러링하는 프로그램입니다. 미러링 프로그램을 사용하면 스마트폰의 자료를 바로바로 PC에서 볼 수 있고, 스마트폰 화면을 캡처할 수도 있으며, 스마트폰의 카메라를 사용하여 실물 화상기처럼 사용도 가능합니다.

 미러링 앱 비교

모비즌 미러링	Airplay	사용자 휴대폰 앱
스마트폰을 PC로 보고, 화면을 캡처하고, PC로 원격제어하는 앱입니다. 모비즌의 유료 제품을 사용하는 경우에만 iOS에 미러링 기능이 지원되고, 무료일 경우에는 안드로이드에만 지원됩니다.	iOS는 자체 내장 무료 미러링 기능이 있어서 아이폰이나 아이패드에서 따로 미러링 앱을 설치할 필요가 없습니다. 그러나 애플의 정책상 원격지원이 불가능하기 때문에 제한적인 미러링 기능만 제공합니다.	윈도우10에서 '사용자 휴대폰 앱'이 기본으로 설치되어 있고, 안드로이드폰의 경우 'Windows와 연결' 기능을 활성화하면 따로 다른 앱을 설치할 필요 없이 PC에 스마트폰 화면을 미러링할 수 있습니다.

1. 모비즌 스크린 레코더 앱 설정하기

① 스마트폰의 홈 화면에서 [Play 스토어] 앱(▶)을 터치한 후 검색창에 '모비즌'을 입력하여 검색합니다. 검색 목록에서 '모비즌 스크린 레코더'의 [설치] 버튼을 터치하여 절차에 따라 설치하고 [열기] 버튼을 터치합니다.

Tip 모비즌 스크린 레코더 설치가 완료되면 앱스 화면에 [모비즌]
앱(m)이 추가되므로 앱을 터치하여 실행할 수 있습니다.

② 모비즌 스크린 레코더가 실행되면 화면 오른쪽에 [에어써클] 아이콘(m)이 표시됩니다. [에어써클] 아이콘(m)을 터치하여 [영상 리스트(🔲)] 버튼을 터치합니다.

Tip 에어써클

- **녹화(⚫) 버튼** : 터치하여 녹화 시작
- **영상 리스트(🔲) 버튼** : 터치하여 영상, 사진을 보거나 설정하기
- **캡처(📷) 버튼** : 터치하여 캡처
- **닫기(❌) 버튼** : 메뉴 닫기

❸ [설정(⚙)] 메뉴를 터치하여 [녹화 클린 모드]를 터치합니다.

Tip 영상 리스트
- **영상(▦) 보기** : 녹화한 영상이나 사용법 영상 보기
- **사진(🖼) 보기** : 캡처한 사진 보기
- **설정(⚙)** : 사용자가 편리하게 사용할 수 있게 설정을 변경하는 메뉴

Tip 녹화 클린 모드

녹화 영상 위에 뜨는 에어써클, 워터마크, 시간 표시, 페이스캠, 터치 표시를 없애고 깔끔하게 녹화할 수 있는 기능입니다. 녹화 시 끊김 현상, 렉이 감소되어 더 부드러운 영상을 녹화할 수 있습니다.

❹ 녹화 클린 모드에서 [사용 안 함]을 터치하여 [사용 중]으로 활성화한 후 녹화 정지 방법과 주의 사항을 읽어봅니다. 다른 설정은 기본 옵션 그대로 두고, 내비게이션 바의 [뒤로가기(◁)] 버튼을 두 번 터치하여 설정 메뉴를 닫습니다.

Tip 모비즌 스크린 레코더 앱 [설정] 메뉴

- **녹화 품질** : 녹화 해상도, 녹화 화질, 프레임 수(초 단위로 몇 개의 화면을 보여줄지), 녹화 마법사(품질 최적화)를 설정할 수 있습니다.
- **녹화 클린 모드** : 에어써클, 워터마크, 시간 표시, 전면 카메라, 터치 표시를 한번에 없애는 기능입니다.
- **사운드 녹음** : 외부 사운드를 녹화하는 기능으로, 활성화를 통해 본인의 목소리를 녹음할 수 있습니다.
- **에어써클 종류** : 모비즌 로고의 투명도, 사용자가 원하는 사진을 설정할 수 있습니다.
- **페이스캠** : 녹화 영상 위에 전면 카메라 화면을 활성화해서 동시 녹화를 해주는 기능입니다.
- **나만의 워터마크** : 워터마크 설정 기능으로 프리미엄 기능에서 설정할 수 있습니다.
- **카운트다운** : 녹화가 바로 시작되지 않도록 시간 설정을 해주는 기능입니다.
- **그리기** : 활성화하면 레이저 포인트, 도형을 통해 녹화 중 강조할 수 있는 곳을 표현할 수 있습니다.
- **시간 표시** : 녹화 진행 시간을 표시해 줍니다.
- **저장위치** : 영상, 이미지를 저장할 곳을 설정하는 기능입니다.
- **편집기 실행하기** : 영상 분할, 영상 음량 조절, BGM 추가 기능 등을 제공합니다.

2. 클린 모드로 화면 녹화하기

① 스마트폰에서 녹화할 화면을 열어 화면 오른쪽의 [에어써클] 아이콘(ⓜ)을 터치한 후 [녹화(🎥)] 버튼을 터치합니다. 모비즌에서 사진 촬영, 동영상 녹화, 사진 파일, 미디어 파일 액세스, 오디오 녹음을 허용하겠냐는 물음에 차례로 [허용]을 터치합니다.

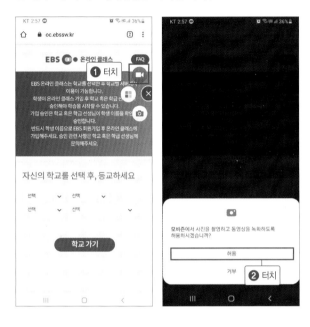

② 전송/녹화 중에 민감한 정보 노출이 있을 수 있다는 안내 창 내용을 읽고 [시작하기]를 터치합니다. 클린 모드이므로 상단 바를 내려서 녹화를 종료하라는 창에서 '다시 보지 않기'에 체크한 후 [확인]을 터치합니다.

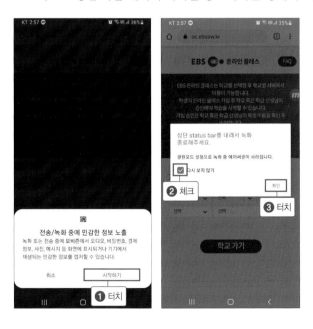

③ 녹화 시작 전 카운트다운 번호가 나타납니다. 번호가 끝나면 녹화가 시작되므로 준비하고 녹화를 시작합니다. 녹화를 일시 정지하거나 정지하려면 상단 바를 내려서 [일시 정지] 또는 [정지]를 터치합니다.

④ 녹화를 정지하면 녹화 완료 확인 창이 나타납니다. 영상을 확인하기 위해 [영상 확인]을 터치합니다. 녹화한 영상 목록 중 확인할 영상의 재생 버튼을 터치하여 확인합니다.

ⓐ 편집 버튼 : 영상 편집
ⓑ 공유 버튼 : 녹화한 영상 공유
ⓒ 삭제 버튼 : 영상 삭제

3. 페이스캠 화면 녹화하기

❶ 화면 오른쪽의 [에어써클] 아이콘(📷)을 터치한 후 [영상 리스트(📷)] 버튼을 터치하고 [설정(⚙)] 메뉴를 터치합니다.

❷ [페이스캠]을 터치하여 [사용 안 함]으로 설정합니다. 페이스캠 설정을 사용하면 클린 모드가 꺼진다는 안내 창이 나오면 [확인]을 터치합니다.

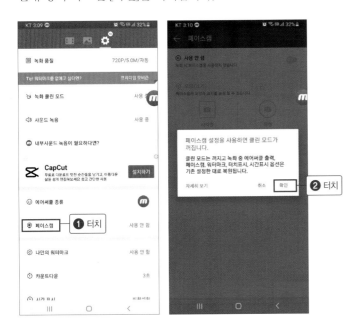

❸ [페이스캠]이 '사용 중'으로 활성화되고, '모양/크기'에서 모양을 '원형'으로 선택합니다. 페이스캠을 드래그하여 아래쪽으로 위치시킵니다. 설정을 완료하였으면 녹화할 자료 화면을 연 후 화면 오른쪽의 [에어써클] 아이콘(🅜)-[녹화(⏺)] 버튼을 터치하여 녹화를 시작합니다.

❹ PC에서처럼 스마트폰에서도 강의를 진행하면서 녹화합니다. 녹화를 종료하려면 화면 오른쪽의 [에어써클] 아이콘(🅜)-[정지(⏹)] 버튼을 터치하여 녹화를 종료합니다.

> **Tip** **모비즌 스크린 레코더 앱 종료**
>
> 모비즌 스크린 레코더 앱을 종료하려면 상단 바를 내려서 에어써클에서 [종료]를 터치합니다.

미러링 앱을 사용하여 스마트폰의 화면 PC에 보여주기

1. PC 버전 모비즌 미러링 설치하기

❶ 웹 브라우저를 실행하여 모비즌(https://www.mobizen.com)에 접속한 후 [미러링 PC버전]을 클릭합니다.

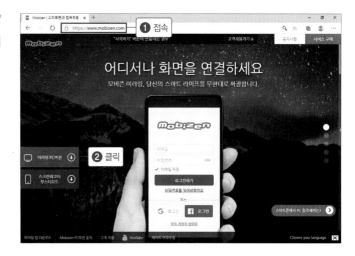

❷ 설치 파일의 다운로드가 완료되면 [파일 열기]를 클릭하여 설치 절차에 따라 미러링 PC 버전을 설치합니다.

❸ 모비즌에 계정이 없는 경우 [아직 계정이 없어요]를 클릭합니다.

❹ 무료로 가입하기 창에서 사용자 계정이 있는 Google이나 Facebook 계정을 선택하여 가입합니다.

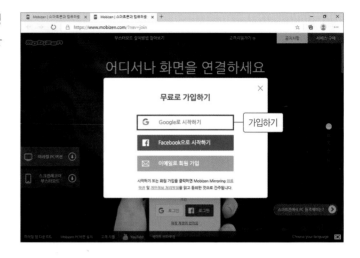

❺ 가입이 완료되면 모비즌 웹사이트에 로그인이 됩니다. 오른쪽 상단의 이메일 아이디를 클릭하여 [나의 계정 정보]를 클릭합니다.

❻ 비밀번호에서 [비밀번호 등록]을 클릭하여 새로운 비밀번호를 입력하면 모비즌에 로그인할 때 Google이나 Facebook 계정 외에 이메일로도 로그인이 가능합니다.

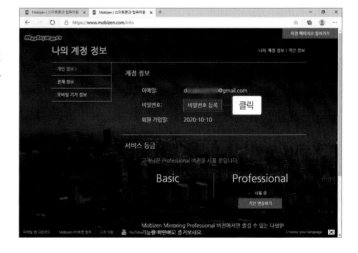

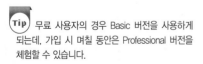
Tip 무료 사용자의 경우 Basic 버전을 사용하게 되는데, 가입 시 며칠 동안은 Professional 버전을 체험할 수 있습니다.

2. 모비즌 앱 설치하기

❶ 스마트폰의 홈 화면에서 [Play 스토어] 앱(▶)을 터치한 후 검색창에 '모비즌 미러링'을 입력하여 검색합니다. 검색 목록에서 '모비즌 미러링'의 [설치] 버튼을 터치하여 절차에 따라 설치하고 [열기] 버튼을 터치합니다.

Tip 모비즌 미러링 설치가 완료되면 앱스 화면에
[모비즌 미러링] 앱(▣)이 추가되므로, 앱을 터치하
여 실행할 수 있습니다.

❷ 모비즌 미러링에서 연락처, 전화걸기, 사진 파일, 미디어 파일 액세스, 오디오 녹음을 허용하겠냐는 물음에 차례로 [허용]을 터치합니다. 그리기 권한 설정 창이 나타나면 '다른 앱 위에 그리기 허용'을 하기 위해 [설정으로 이동] 버튼을 터치합니다. 설정 화면의 모비즌 미러링 [권한 허용]을 터치하여 권한 허용을 활성화합니다.

❸ 다시 모비즌 미러링 앱으로 돌아온 후 [시작하기] 버튼을 터치합니다. 이메일 선택 화면에서 로그인하기 위해 [Google로 계속하기]나 [Facebook으로 계속하기]를 터치하여 로그인합니다.

Tip 모비즌에 가입할 때 사용한 이메일이나 소셜을 선택하여 해당 계정으로 로그인합니다.

❹ 튜토리얼(지침 내용)을 읽은 후 드래그하여 다음 페이지로 이동합니다. PC와 모바일을 USB와 연결하려면 USB 디버깅이 설정되어 있어야 합니다. [설정 되지 않음] 부분을 터치하면 연결 안내 창이 표시됩니다. [확인] 버튼을 터치한 후 스마트폰 설정에서 USB 디버깅 옵션을 활성화합니다.

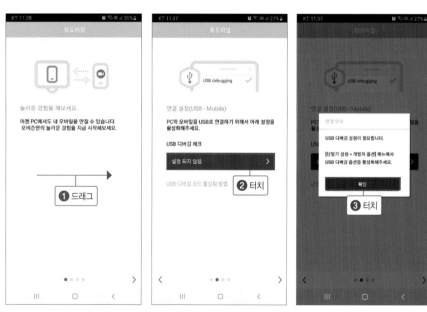

Tip **USB 디버깅 옵션을 활성화 방법**

홈 화면에서 [설정] 앱(⚙)을 터치하여 [휴대전화 정보]–[소프트웨어 정보]를 차례로 터치하고, [빌드번호]를 7~8번 터치합니다. 다시 [설정] 앱(⚙)의 초기 화면으로 돌아가면 [휴대전화 정보] 아래에 [개발자 옵션]이 활성화됩니다. [개발자 옵션]–[USB 디버깅]을 터치합니다. USB 디버깅을 허용하겠냐는 창에서 [확인]을 터치합니다.

3. 모바일 화면 PC에 미러링하기

❶ 다음 튜토리얼에는 PC에 모비즌 PC를 설치하라는 안내가 나옵니다. PC와 모바일을 USB로 연결한 후 PC의 바탕화면에서 [모비즌 미러링] 아이콘(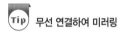)을 더블클릭하여 실행합니다. 상단의 [USB] 탭을 클릭한 후 미리 가입한 계정으로 로그인하면 모바일에서 [시작하기]를 클릭하라고 안내해 줍니다.

> **Tip 무선 연결하여 미러링**
>
> [Wireless]를 탭하여 로그인한 후 무선으로 모바일을 미러링할 수 있지만, 유료 버전에만 가능하고 자주 끊기기 때문에 안전성있게 미러링하려면 USB로 연결하여 미러링하는 것이 좋습니다.

❷ 다시 스마트폰의 모비즌 미러링의 튜토리얼 마지막 페이지에서 [시작하기] 버튼을 터치하면 USB 디버깅을 허용하겠냐는 창이 나타나는데, '이 컴퓨터에서 항상 허용'에 체크하고 [허용]을 터치합니다.

❸ 정보 노출이 있을 수 있다는 안내 창 내용을 읽고 [시작하기]를 터치한 후 약관 동의에 체크하고 [확인]을 터치합니다. 사용자 PC와 USB로 원격연결되었다고 나타납니다. [연결 종료] 버튼을 터치하면 연결이 종료됩니다.

❹ PC 모비즌 화면에도 사용자 스마트폰과 같은 화면이 나타납니다. 스마트폰에서 가로로 촬영한 영상을 재생하면 PC에서도 가로로 영상을 회전하여 보여줍니다.

Tip 전체 화면 보기

전체 화면 보기는 Ctrl키 + Enter↵키를 누르면 전체 화면에서 모바일 화면을 볼 수 있고, 다시 해제하려면 Esc키를 누르면 됩니다. 하지만 전체 화면은 유료 버전에서만 가능합니다. 처음 PC 모비즌 미러링을 설치하면 며칠 동안은 유료 버전을 무료로 체험할 수 있습니다. 기간을 연장하려면 유료로 결제한 후에 가능합니다.

Q&A 스마트폰을 실물 화상기처럼 사용할 수는 없나요?

스마트폰에서 카메라를 켜고 회의나 강의 시 필요한 자료를 비추면 PC 화면에서 바로 볼 수 있어서 실물 화상기처럼 사용할 수 있습니다.

❶ 모비즌 미러링으로 PC와 미러링한 후 사용자 스마트폰에 홈 화면을 실행하면 PC 모비즌 미러링에도 스마트폰의 홈 화면이 나타납니다. [카메라] 앱(📷)을 터치하여 실행합니다.

▲ 스마트폰

▲ PC 모비즌 미러링

❷ 스마트폰의 카메라로 자료 등을 비추면 그대로 PC에서 해당 자료를 볼 수 있습니다.

▲ 스마트폰

▲ PC용 모비즌 미러링

Chapter 04

온라인 수업 자료 제작 알짜 팁 알기
수업 자료 이런 부분이 막혀요!

웹에서 동영상 자료를 찾아도 다운로드할 수 없어서 불편할 때가 있고 자료로 PDF 문서를 가장 많이 찾을 수 있는데 편집할 수 없어서 아쉬울 때가 많습니다. 알PDF를 사용하면 PDF 파일을 편집할 수 있고 다른 문서 파일로 변환할 수도 있습니다. 웹에서 동영상을 다운로 드하는 방법과 PDF를 편집하는 방법에 대해서 알아보겠습니다.

■ **예제파일 :** 독서록.pdf, 스캔문서.pdf, 책.png, 추가독서록.pdf

■ **완성파일 :** 독서록완성.docx, 독서록완성.pdf, 병합됨.pdf, 스캔문서_OCR.pdf, 최적화독서록.pdf

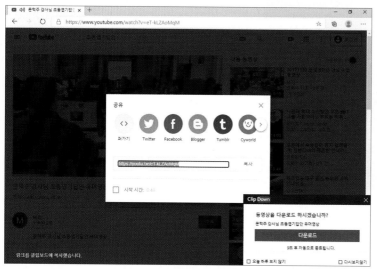

▲ 유튜브 동영상 다운로드

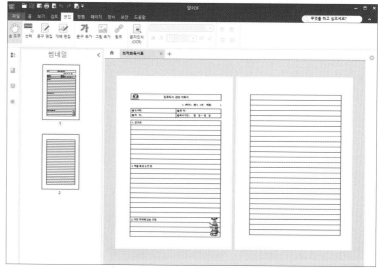

▲ PDF 문서 편집

1. 클립다운

유튜브 동영상뿐만 아니라 페이스북, 카카오TV 등 인터넷 서핑을 하다 보면 다양한 플랫폼에서 여러 동영상 자료를 찾을 수 있습니다. 클립다운을 사용자 PC에 설치하여 자동 설정해 놓으면 동영상 공유 주소 복사로 바로 다운로드하여 사용자 PC에서 볼 수 있습니다. 각종 동영상에서 음원을 추출하여 음원 손실 없이 고음질의 MP3를 얻을 수 있고, 동영상은 사용자가 최고화질(4K)까지 선택 가능합니다.

2. 알PDF

알PDF에서는 제한이 많은 PDF 문서를 편집할 수 있고, 한글 문서를 비롯한 문서, 텍스트, 그림 등 16가지 포맷의 문서 형식으로 변환할 수 있습니다. 여러 PDF 문서를 하나의 문서로 합칠 수 있고, 용량을 최적화하는 등 다양한 기능들이 있습니다. 무엇보다 이미지를 문자 인식(OCR)하여 편집 가능한 파일로 변환해 줍니다.

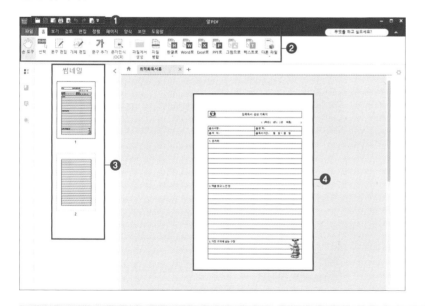

❶ **빠른 실행 도구 모음** : 한 번 클릭으로 빠르게 실행할 수 있는 도구들을 모아놓은 곳입니다. 열기, 저장, 인쇄 등 도구 모음을 사용자 임의로 조절할 수 있습니다.

❷ **리본 메뉴** : PDF 관련 다양한 기능을 수행할 수 있도록 각종 명령을 기능별로 구분하여 탭 형태로 모아놓은 곳입니다. 각 탭에는 명령들로 구성되어 있어서 [편집] 탭을 클릭하면 PDF 문서를 편집할 수 있는 다양한 명령들이 있습니다.

❸ **썸네일** : 열려 있는 PDF 파일의 각 페이지를 작은 그림으로 나타냅니다.

❹ **작업 창** : 문구, 개체 등 선택된 개체를 세부 편집할 수 있는 곳입니다.

1. PC용 클립다운 프로그램 설치하기

❶ 웹 브라우저를 실행하여 클립다운
(http://www.clipdown.net)에 접속한 후
상단의 [다운로드] 메뉴 또는 [다운로드
for Windows] 버튼을 클릭합니다.

❷ 설치 파일의 다운로드가 완료되면
[파일 열기]를 클릭합니다.

❸ 설치 창이 나타나면 라이선스 계약 동
의에 [동의함] 버튼을 클릭합니다.

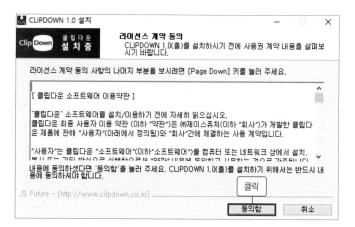

④ 기본 옵션 그대로 설치 절차에 따르면 설치 완료 창이 나타납니다. 'CLIPDOWN 1.0 실행하기'에 체크되어 있는 상태로 [마침] 버튼을 클릭합니다.

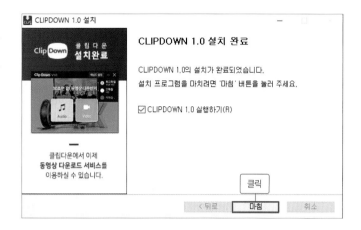

⑤ 환경 설정 안내 창의 팝업, MP3 변환, MP4 변환을 모두 '사용'에 체크하고 [저장] 버튼을 클릭하면 다운로드 하려는 동영상 주소를 복사할 때 자동으로 클립다운의 다운로드 창이 나타납니다.

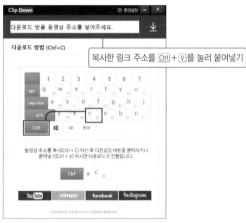

 환경설정

상단 오른쪽의 [⚙ 환경설정]을 클릭하면 다운로드 파일의 경로를 변경하거나 팝업, MP3 변환, MP4 변환 설정을 '사용' 또는 '미사용'으로 모두 변경할 수 있습니다. 설정을 완료하면 [🏠 메인화면]을 클릭합니다.

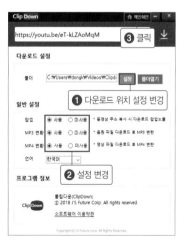

2. 유튜브 동영상 PC에 다운로드하기

❶ 웹 브라우저에서 유튜브(https://www.
youtube.com)에 접속한 후 검색창에 '초
등엽기답안'을 입력하고 Enter↵ 키를 누릅
니다.

❷ 검색 목록에서 다운로드할 동영상을
선택합니다.

❸ 동영상의 주소를 복사하기 위해 [공
유]를 클릭합니다.

④ 공유 창이 나타나면 동영상 주소를 복사하기 위해 [복사] 버튼을 클릭합니다. '링크를 클립보드에 복사했습니다.'라고 표시된 후 저작권과 초상권 경고 창에서 [동의 합니다] 버튼을 클릭합니다. 자동으로 동영상을 다운로드하겠냐는 창이 표시되면 [다운로드] 버튼을 클릭합니다.

> **Tip** 인터넷에서 제공하는 영상이나 음원을 함부로 다운로드하여 다른 사람에게 공유하거나 영리 목적으로 사용하면 저작권 및 초상권 침해에 해당되어 처벌받게 됩니다. 저작권 무료의 영상이나 음원의 경우에도 출처 방식 등이 명시되어 있으므로 확인한 후에 개인적으로 사용할 때는 출처 방식대로 표시하고 사용해야 합니다.

⑤ 동영상 다운로드에 필요한 정보를 확인 중이라는 창이 나타나고 잠시 후 동영상을 다운로드하겠냐는 창에서 영상을 다운로드하기 위해 [Video] 버튼을 클릭합니다.

> **Tip** [Audio] 버튼을 선택할 경우 오디오만 mp3 형식으로 저장되고, [Video] 버튼을 선택할 경우 오디오와 영상 모두 mp4 형식으로 저장됩니다.

⑥ 클립다운 창에서 다운로드하기 위해 [⬇] 버튼을 클릭하여 파일을 다운로드합니다. 다운로드가 완료되면 [▣] 버튼으로 바뀌는데, 영상을 확인하기 위해 클릭합니다. 영상이 PC에서 재생됩니다.

> **Tip** [Audio] 파일로 다운로드하게 되면 [♫] 버튼으로 표시됩니다.

스마트폰에서도 클립다운을 사용하여 유튜브 동영상을 다운로드할 수 있나요?

[Play 스토어] 앱(▶)에서 클립다운을 검색해도 검색되지 않아서 스마트폰에서는 클립다운 앱이 없다고 생각할 수 있습니다. 원스토어 앱(1)에서 검색하여 설치할 수 있으나 기본 앱이 아니므로 웹 브라우저 앱에서 클립다운을 검색하여 설치한 후 유튜브 동영상을 다운로드하는 방법을 알아보겠습니다.

❶ 웹 브라우저 앱에서 클립다운을 검색하여 '클립다운(www.clipdown.net)'을 터치합니다. [Galaxy Store]나 [ONE store] 버튼을 클릭합니다. 회원가입한 후 [다운로드] 버튼을 터치하여 다운로드합니다.

❷ 유튜브 앱을 실행한 후 '저작권없는 클래식'으로 검색하여 그중 한 동영상을 다운로드하기 위해 [공유]를 터치합니다. 사용자 스마트폰에 설치된 공유 앱 목록이 나타나면 [Clipdown] 앱(🔵)을 터치한 후 [AUDIO mp3] 버튼을 터치하여 오디오만 다운로드합니다.

1. 알PDF 프로그램 설치하기

① 웹 브라우저를 실행하여 알툴즈(https://www.altools.co.kr)에 접속한 후 설치할 [알PDF(📄)]를 클릭합니다. 설치 파일의 다운로드가 완료되면 [파일 열기]를 클릭합니다.

② 알PDF 설치 창이 나타나면 라이선스 계약 동의에 [동의] 버튼을 클릭하고, [빠른 설치] 버튼을 클릭하여 설치 절차에 따라 설치합니다. 제휴 추가나 검색엔진에는 체크를 해제하여 알PDF만 설치하고, 불필요한 다른 프로그램은 설치하지 않도록 합니다.

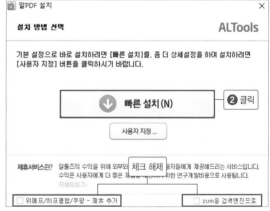

Tip 알PDF란?

PDF를 다양한 포맷으로 변환할 수 있고, PDF 합치기, PDF 용량 줄이기, 수정 등 PDF를 다양한 방법으로 자유롭게 편집할 수 있습니다.

❸ 설치가 완료되면 PC의 바탕화면에서
알PDF 아이콘(🐸)을 더블클릭하여 실행
합니다. 문서를 불러오기 위해 [열기]를
클릭합니다.

2. PDF 문서 편집하기

❶ [열기] 대화상자에서 '온라인 수업\예
제파일' 폴더를 연 후 '독서록.pdf' 파일
을 선택하고 [열기] 버튼을 클릭합니다.

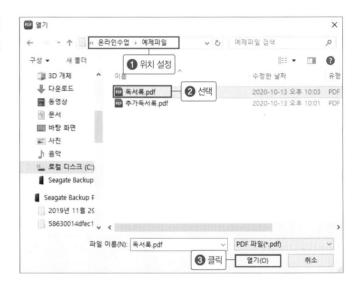

❷ [편집] 탭-[문구 편집]을 클릭합니다.
문서의 텍스트 부분이 수정할 수 있게 사
각형으로 표시됩니다.

❸ '내용 요약'을 블록 지정하여 '줄거리'로 수정하고, [편집] 탭-[글꼴을 선택합니다.]를 클릭하여 '맑은 고딕'을 선택합니다.

Tip 수정하는 텍스트 영역은 하늘색 사각형으로 표시되고, 선택하면 사각형에 크기 조절점이 생겨서 드래그하여 크기를 조절할 수 있습니다.

❹ [편집] 탭-[개체 편집]을 클릭합니다. 문서에서 수정할 그림 영역으로 마우스를 가져가면 하늘색 사각형 영역이 생기고 선택하면 크기 조절점이 나타납니다.

❺ 그림의 크기 조절점을 드래그하여 작게 조절한 후 바깥쪽을 클릭하여 선택을 해제합니다.

Tip 선택 해제한 그림의 크기를 조절하려면 [편집] 탭-[개체 편집]을 클릭한 후 해당 그림을 다시 선택해야만 조절할 수 있습니다.

⑥ 새로운 그림을 추가하기 위해 [편집] 탭-[그림 추가]를 클릭합니다. [열기] 대화상자에서 '온라인 수업\예제파일' 폴더를 연 후 '책.png'를 선택하고 [열기] 버튼을 클릭합니다.

⑦ 삽입된 그림을 드래그하여 오른쪽 아래로 이동하고 그림의 크기 조절점을 드래그하여 좀 더 크게 조절합니다. 그림 바깥쪽을 클릭하여 선택 해제합니다.

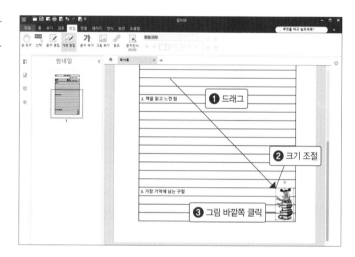

⑧ [파일] 탭-[다른 이름으로 저장]-[찾아보기] 버튼을 클릭합니다. [다른 이름으로 저장] 대화상자에서 '온라인 수업\완성파일' 폴더로 설정하고, 파일 이름을 '독서록완성'으로 입력한 후 [저장] 버튼을 클릭합니다.

3. PDF 문서 변환하기

❶ [홈] 탭을 클릭한 후 다른 문서로 변환하기 위해 문서 종류 중 [Word로]를 클릭합니다.

> **Tip** **문서 변환 가능 포맷**
> 알PDF에서 문서 변환은 한글, MS 오피스 문서를 비롯한 16가지 포맷이 있으며 다음과 같습니다.
> 한글 파일(hwp, hwpx), Word 파일(doc, docx), Excel 파일(xls, xlsx), PowerPoint 파일(pptx), 그림파일(bmp, jpg, png, gif, tiff), 텍스트 파일(txt), 전자책 파일(epub), HTML 파일, RTF 파일

❷ 진행 창이 100%로 진행되면 변환 창이 나타납니다. 설정된 옵션을 확인한 후 [변환] 버튼을 클릭합니다. 변환이 완료되면 [완료] 버튼을 클릭합니다.

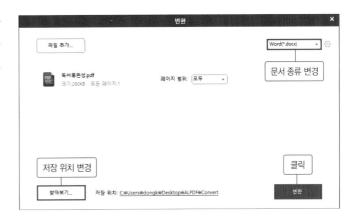

❸ 문서가 저장된 폴더를 열면 변환된 워드 문서(docx)가 있습니다. 더블클릭하여 변환된 문서를 확인합니다.

1. PDF 파일 하나로 합치기

❶ 두 개의 문서를 하나로 합치기 위해 [홈] 탭-[파일 병합]을 클릭합니다.

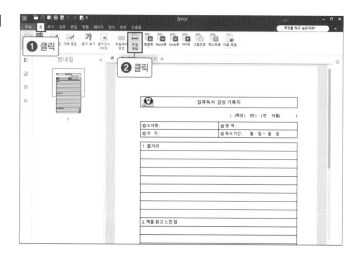

❷ PDF 병합 창에서 [파일 추가] 버튼을 클릭하여 병합할 문서를 차례대로 불러 옵니다.

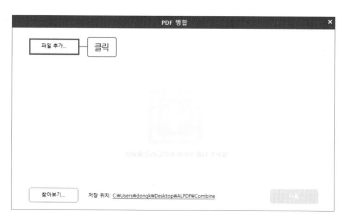

❸ '온라인 수업\완성파일' 폴더에서 '독 서록완성.pdf' 파일을 선택한 후 [열기] 버튼을 클릭합니다.

Tip 현재 알PDF에 열려 있는 파일에 새로 불러온 파일이 병합되는 것이 아니라 병합하려는 문서 전체 를 새로 불러와서 병합을 진행해야 합니다. 불러오 는 순서대로 병합됩니다.

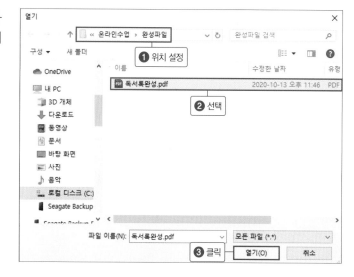

❹ PDF 병합 창에 같은 방법으로 '온라인 수업\예제파일' 폴더에서 '추가독서록.pdf' 파일을 불러온 후 [다음] 버튼을 클릭합니다.

❺ 병합이 완료되면 자동으로 '병합됨' 문서가 불러와져서 문서를 확인할 수 있습니다.

2. PDF 파일 용량 줄이기

❶ 여러 문서가 병합된 문서의 용량을 줄이기 위해 [파일] 탭-[최적화]를 클릭합니다. 최적화 종류 중 '웹 최적화(작은 파일 용량)'를 선택하고, [최적화] 버튼을 클릭합니다. [다른 이름으로 저장] 대화상자에서 '최적화독서록' 이름으로 저장합니다.

❷ 문서가 저장된 폴더를 열어서 '병합됨.pdf' 파일을 마우스 오른쪽 버튼으로 클릭하여 팝업 메뉴 중 [속성]을 선택합니다. 비교하기 위해 '최적화독서록.pdf' 파일도 같은 방법으로 [속성]을 선택합니다.

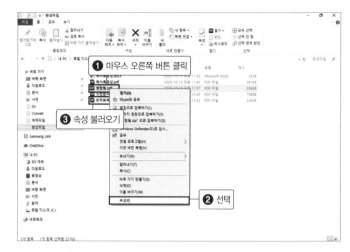

❸ 두 파일의 속성에서 '디스크 할당 크기'를 비교해 보면 최적화 파일의 용량이 작아진 것을 확인할 수 있습니다.

 **스캔한 PDF 문서의 글자도 편집할 수 있나요?**

스캔한 문서는 이미지로 되어 있기 때문에 글자를 복사하거나 편집할 수 없습니다. 알PDF에 문자 인식(OCR) 기능을 추가로 설치하면 이미지를 문서로 인식하여 글자를 다시 복사하거나 편집할 수 있습니다.

❶ [홈] 탭-[문자인식(OCR)]을 클릭합니다.

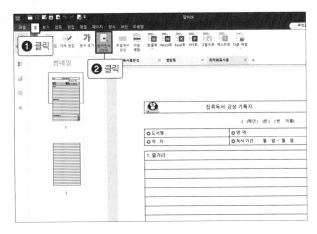

❷ 문자 인식(OCR) 기능 다운로드 창에서 [다운받기] 버튼을 클릭합니다. 알PDF OCR 플러그인 설치를 하기 위해서는 알PDF를 종료해야 한다는 창에 [확인] 버튼을 클릭한 후 알PDF에 열려있는 문서를 모두 저장하고 프로그램을 종료합니다.

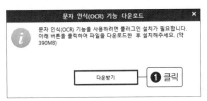
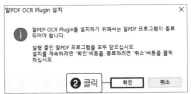

❸ 절차에 따라 알PDF OCR 플러그인 설치를 모두 마친 후 다시 알PDF를 실행합니다. [열기] 버튼을 클릭하여 미리 스캔한 PDF 파일을 엽니다.

❹ 하나의 이미지로 된 문서이므로 [편집] 탭-[문자인식(OCR)]을 클릭합니다.

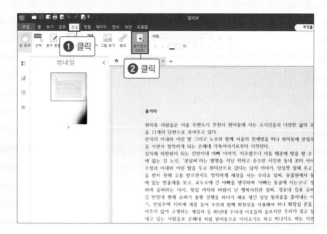

❺ 기본 언어는 '한국어/English'로 되어 있는데, 다른 언어로 되어 있는 경우에는 [언어 변경] 버튼을 클릭하여 변경하고, 특정 페이지만 변환하려면 '페이지 설정'을 클릭하여 설정한 후 [확인] 버튼을 클릭합니다.

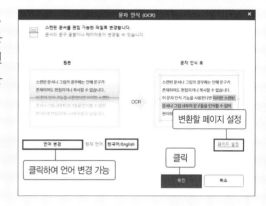

❻ 이미지가 편집 가능한 파일로 변경되었습니다. 오류가 난 부분을 수정하기 위해 [편집] 탭-[문구편집]을 클릭하고, 문서에서 글자를 수정합니다.

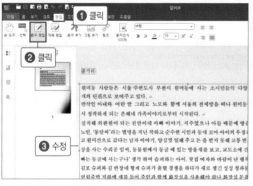
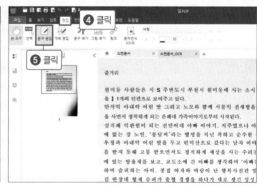

Chapter 05

동영상 편집기 가장 쉽고 편리한 기능만 알기

PC용 무료 동영상 편집기 너무 많다?

윈도우10에서 기본으로 제공되는 무료 동영상 편집기인 비디오 편집기를 사용하면 별다른 설치 프로그램 없이 동영상을 편집할 수 있습니다. 스토리보드에서 사진이나 동영상 파일을 불러와서 자막과 배경음악도 넣어 멋진 영상 자료를 만들 수 있습니다. 하지만 동영상 포맷이 MP4밖에 없어서 무료로 제공하는 바닥 인코더를 설치하여 다른 동영상 포맷으로 변환하는 방법과 음량을 증폭하는 방법까지 알아보겠습니다.

■ **예제파일 :** 태양계.mp4

■ **완성파일 :** 녹음.m4a, [BADAK]태양계.avi, 태양계.mkv, 태양계.mp4

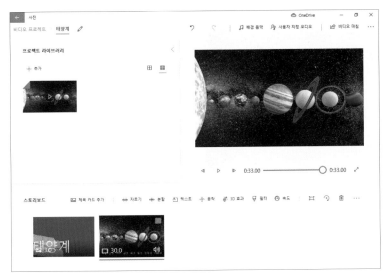

▲ 비디오 편집기

▲ 바닥 인코더

1. 파워디렉터(https://kr.cyberlink.com)

파워디렉터는 30일 동안 무료 체험판을 제공하고 다양한 트랙을 제공하여 자막 편집과 다양한 편집이 가능하여 전문가들도 사용할 수 있습니다. 다만, 동영상 포맷이 한정적이고, 프로그램이 상당히 무거워서 느린 것이 단점입니다.

2. 뱁믹스(http://www.vapshion.com)

타임라인을 제공하지 않아 편집 시 직관성은 떨어지지만, 무료 자막을 10개 정도 지원하고, 유료로 자막을 결제하면 방송에서 볼 수 있는 품질의 자막을 사용할 수도 있습니다. 하지만 다른 편집기에 비해 너무 자막에만 특화되어 있고, 오류가 많습니다.

3. 곰믹스 프로(https://www.gomlab.com)

타임라인을 제공하여 영상 편집을 수월하게 할 수 있으며, 단축키를 통해 영상을 쉽게 나누거나 타임라인 확대, 축소가 용이합니다. 무료 버전의 경우 워터마크가 표시되고, 10분 이상의 동영상을 만들려면 정품을 유료 결제해야만 합니다.

4. 다빈치 리졸브(https://www.blackmagicdesign.com/kr/products/davinciresolve)

영상에 색감을 설정할 수 있는 컬러 그레이딩 기능을 제공하고, 3D 자막 효과, 3D 음향 효과까지 제공합니다. 유료 버전의 대부분의 기능을 무료로 사용할 수 있습니다. 다빈치 리졸브에서는 8K 영상까지 편집할 수 있지만 제품이 굉장히 무거워서 안정성이 떨어지고, 최소 사양이 8램이지만 제대로 영상을 편집하려면 32램 정도가 필요해서 컴퓨터 사양이 좋아야만 영상 편집이 가능합니다.

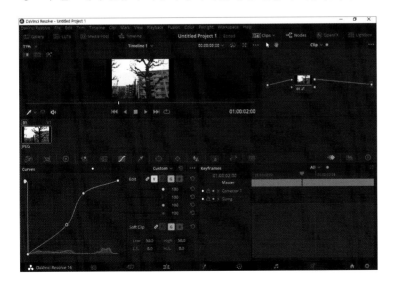

5. 비디오 편집기

윈도우10에 기본으로 내장된 동영상 편집기로 간단한 동영상을 편집할 수 있습니다. 애니메이션 자막도 넣을 수 있으나 동영상 포맷이 MP4로만 가능합니다.

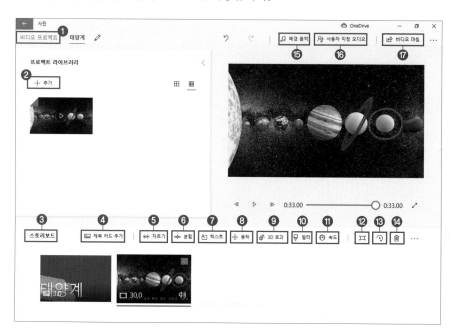

❶ **비디오 프로젝트** : 새 프로젝트를 추가합니다.

❷ **+ 추가** : 사진 및 비디오를 이 프로젝트에 추가합니다.

❸ **스토리보드** : 작업 창으로 사진, 동영상, 텍스트 등을 추가하고 편집합니다.

❹ **제목 카드 추가** : 시작 화면에 텍스트로만 이루어진 제목을 추가합니다.

❺ **자르기** : 선택한 영상만 일부 추출합니다.

❻ **분할** : 영상의 특정 부분을 지정하여 분할합니다.

❼ **텍스트** : 원하는 자막을 스타일, 레이아웃을 선택하여 입력할 수 있습니다.

❽ **동작** : 카메라 이동 동작을 추가합니다.

❾ **3D 효과** : 서비스를 준비 중입니다.

❿ **필터** : 영상의 분위기를 조절할 수 있는 여러 필터를 제공합니다.

⓫ **속도** : 슬로 모션부터 최대 64배속까지 영상의 속도를 조절합니다.

⓬ **검은색 표시줄 제거 또는 표시** : 영상의 검은색 막대를 제거하거나 페이지에 맞게 축소하는 옵션입니다.

⓭ **회전** : 촬영된 영상을 가로, 세로로 변환합니다.

⓮ **제거** : 선택된 사진, 동영상 등을 프로젝터에서 제거합니다.

⓯ **배경 음악** : 기본적으로 제공하는 배경 음악 중 선택하여 삽입하고 볼륨도 조절합니다.

⓰ **사용자 지정 오디오** : 사용자 지정 오디오 트랙을 추가하고, 내레이션을 가져옵니다.

⓱ **비디오 마침** : 비디오 품질을 설정하여 내보냅니다.

1. 새 비디오 프로젝트 만들기

❶ [시작(■)] 버튼 - [비디오 편집기]를 클릭합니다.

❷ 비디오 편집기 프로그램이 열립니다. 새 프로젝트를 만들기 위해 [새 비디오 프로젝트+]를 클릭합니다.

❸ 비디오 이름 지정 창에 새 프로젝트 이름을 '태양계'로 입력하고, [확인] 버튼을 클릭합니다.

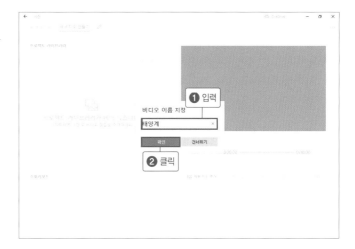

2. 스토리보드에 미디어 파일 추가하기

① '태양계'라는 새 비디오 프로젝트가 만들어졌습니다. 사진이나 동영상 파일을 추가하기 위해 [+추가]-[이 PC에서]를 클릭합니다.

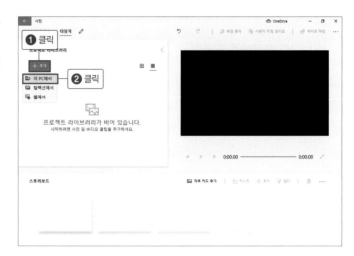

② [열기] 대화상자가 나타나면 '온라인 수업\예제파일'에서 '태양계.mp4' 파일을 선택하고 [열기] 버튼을 클릭합니다.

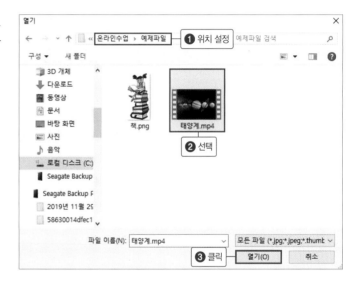

③ 프로젝트 라이브러리에 추가된 동영상을 선택한 후 [스토리보드에 놓기]를 클릭하거나 아래쪽 스토리보드에 끌어다 넣어 줍니다.

3. 동영상 편집하기

① 스토리보드에서 분할할 동영상 클립 (태양계.mp4)을 선택하고 [분할]을 클릭합니다.

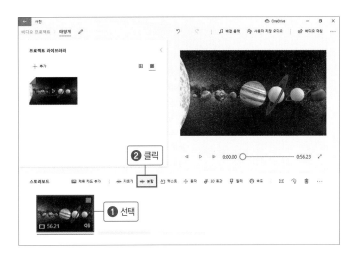

② 분할을 원하는 지점에 '검색(⚲)'을 드래그하여 옮겨다 놓은 후 [완료] 버튼을 클릭합니다.

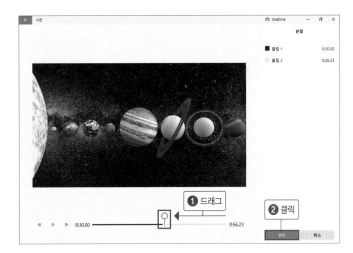

③ 동영상이 두 개의 클립으로 분할되었습니다. 두 번째 클립을 선택한 후 [제거(🗑)]를 클릭합니다.

 Tip

- **[검은색 표시줄 제거 또는 표시(🔲)]** : 선택한 사진이나 영상의 검은색 표시줄을 제거 또는 표시할 수 있고, 페이지에 맞게 축소할 수 있습니다.
- **[회전(↻)]([Ctrl]+[R])** : 선택한 사진이나 영상을 클릭할 때마다 시계 방향으로 90도씩 회전합니다.

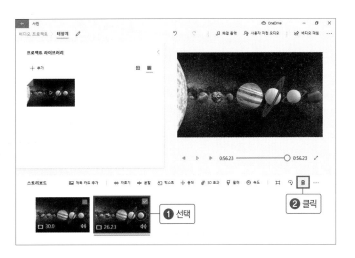

④ 텍스트를 추가하기 위해 [텍스트(A↑)]를 클릭합니다.

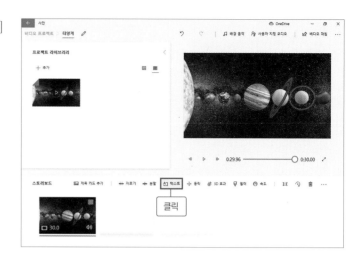

⑤ 오른쪽의 텍스트 입력 창에 '수성 금성 지구 화성 목성 토성 천왕성 해왕성'을 입력합니다. [텍스트 시작(◀)]과 [텍스트 끝(▶)]을 드래그하여 지정해 줍니다.

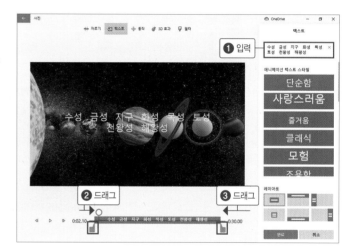

⑥ 오른쪽의 애니메이션 텍스트 스타일은 '만화'를 선택하고 레이아웃은 '아래쪽'을 선택한 후 [완료] 버튼을 클릭합니다.

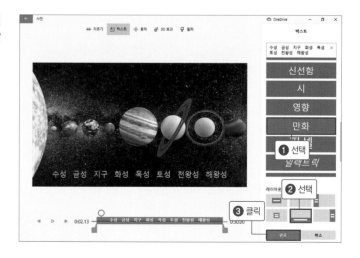

4. 제목 카드 추가하기

① 제목 카드를 추가하기 위해 [제목 카드 추가(▣)]를 클릭합니다.

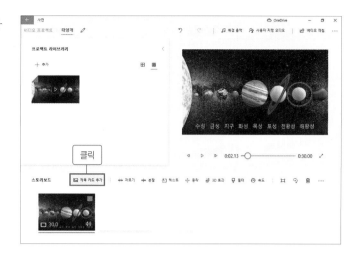

② 제목 카드가 동영상 클립 앞에 추가되었습니다. 텍스트를 입력하기 위해 [텍스트(ᴬ)]를 클릭합니다.

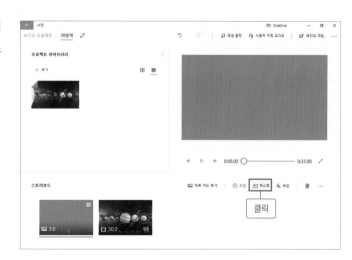

③ 오른쪽의 텍스트 입력 창에 '태양계'를 입력합니다. [텍스트 시작(◀)]과 [텍스트 끝(▶)]을 드래그하여 지정해 줍니다. 오른쪽의 애니메이션 텍스트 스타일은 '모험'을 선택하고, 레이아웃은 '아래쪽'을 선택한 후 [완료] 버튼을 클릭합니다.

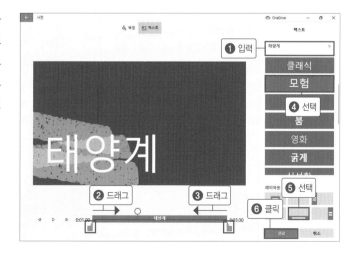

5. 배경 음악 추가하기

① 전체 비디오에 배경 음악을 추가하기
위해 [배경 음악(♫)]을 클릭합니다.

② 기본적으로 제공되는 배경 음악이 있
습니다. 배경 음악 선택 목록에서 [▷]를
클릭하여 여러 음악을 들어본 후, '비행
중'을 선택합니다. 볼륨은 배경 음악이므
로 슬라이드를 드래그하여 작게 조절하고
[완료] 버튼을 클릭합니다.

> **Tip** 배경 음악은 윈도우10 버전에 따라 기본으로
> 제공되는 배경 음악의 종류가 다를 수 있습니다.

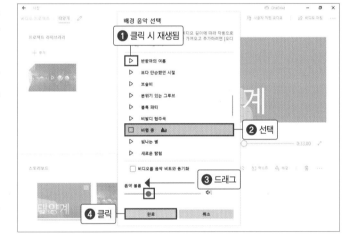

③ 배경 음악을 설정하면 자동으로 비디
오 길이에 맞게 설정됩니다. 오른쪽의 미
리보기 화면에서 [▷]를 클릭하여 영상을
처음부터 끝까지 재생해 봅니다.

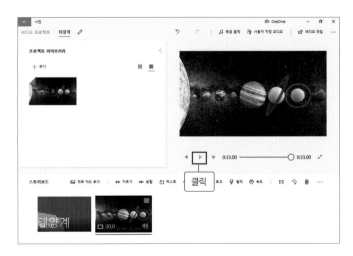

6. 내레이션 녹음하고 추가하기

❶ [시작(⊞)] 버튼-[음성 녹음기]를 실행
합니다. 마이크를 준비하고 [🎤(Ctrl+R
키)]를 클릭하여 녹음을 시작합니다. 녹음
을 끝내려면 [⏹(Space Bar)]를 누릅니다.

❷ 자동으로 녹음이 저장됩니다.

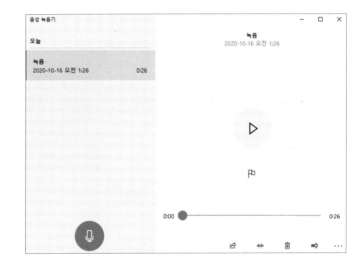

Tip 녹음된 파일 위치를 확인하려면 [⋯]-[파일
위치 열기]를 클릭하여 저장된 위치를 확인합니다.

❸ 다시 비디오 편집기로 이동하여 내레
이션을 추가하기 위해 [사용자 지정 오디
오(🎤)]를 클릭합니다.

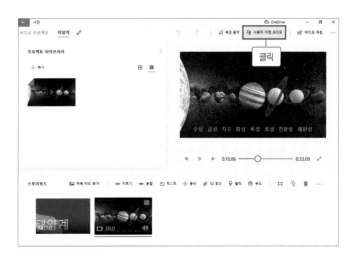

④ 오디오 파일을 추가하기 위해 [+오디오 파일 추가]를 클릭한 후 [열기] 대화상자의 '내PC\문서\소리 녹음' 폴더에서 '녹음.m4a' 파일을 선택하고 [열기] 버튼을 클릭합니다.

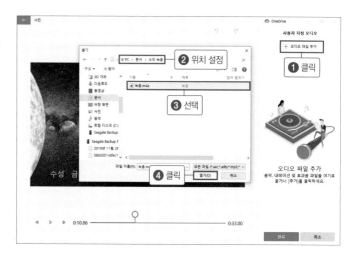

⑤ 내레이션의 시작과 끝도 [오디오 클립의 시작(▐)]과 [오디오 클립의 끝(▌)]을 드래그하여 지정한 후 [완료] 버튼을 클릭합니다.

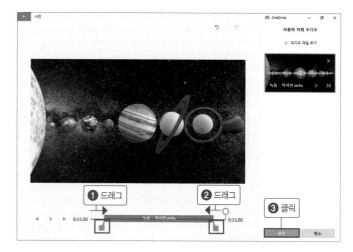

⑥ 오른쪽의 미리보기 화면에서 [▷]를 클릭하여 영상을 처음부터 끝까지 재생해 내레이션과 배경 음악 소리를 들어봅니다. 비디오를 저장하려면 [비디오 마침(🖼)]을 클릭합니다.

> **Tip** 현재 영상에는 비디오의 원음이 없어서 볼륨 조절을 하지 않았지만, 비디오 원음을 조절하려면 비디오 클립의 [🔊]를 클릭하여 조절하고, 배경 음악의 볼륨을 조절하려면 [배경 음악(♫)]을 클릭하여 배경 음악 창에서 조절합니다.

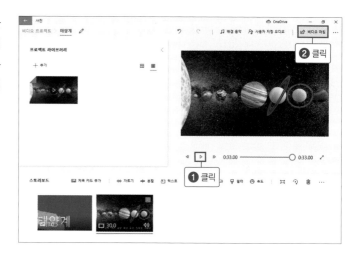

❼ 비디오 마침 창에서 비디오 품질은 '높음 1080p(권장)'로 지정하고 [내보내기] 버튼을 클릭합니다.

❽ [다른 이름으로 저장] 대화상자의 '온라인 수업\완성파일' 폴더에서 파일 이름을 '태양계.mp4'로 입력하고 [내보내기] 버튼을 클릭하여 저장합니다.

Tip 동영상 포맷은 'mp4'로만 저장됩니다.

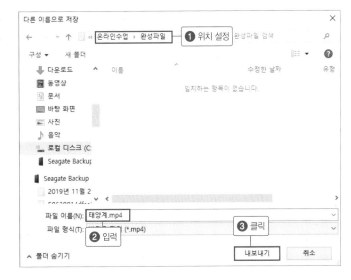

❾ 내보내기가 완료되면 비디오 플레이어 창에서 '태양계.mp4' 동영상이 재생됩니다. 비디오가 잘 만들어졌는지 확인할 수 있습니다.

① 웹 브라우저를 실행하여 바닥 인코더
(www.badakencoder.com)에 접속한 후
상단 메뉴 중 [다운로드]를 클릭합니다.
바닥 인코더의 [다운로드] 버튼을 클릭
하고, 설치 파일의 다운로드가 완료되면
[파일 열기]를 클릭합니다.

② 바닥 인코더 설치 창이 나타나면 사용권 계약
동의에서 [동의함] 버튼을 클릭합니다.

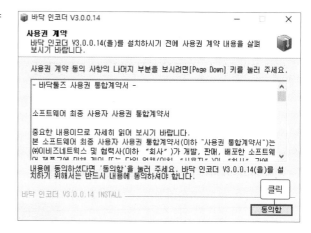

③ '구성 요소 선택'에서 스폰서 파일을 모두 체
크 해제한 후 [동의함] 버튼을 클릭합니다. 설치
절차에 따라 설치합니다.

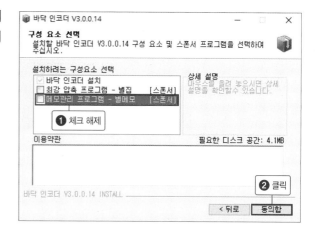

④ 설치 완료 창이 나타나면 '통합쇼핑몰 바로가기를 생성합니다.'를 체크 해제하고 [마침] 버튼을 클릭합니다.

⑤ 바닥 인코더 프로그램이 실행되면 파일 변환을 할 파일을 불러오기 위해 [파일추가] 버튼을 클릭합니다.

Tip 자동으로 바닥 인코더가 실행되지 않으면 바탕화면의 [바닥인코더] 아이콘(🔲)을 더블클릭하여 실행합니다.

⑥ [파일 추가] 대화상자의 '온라인 수업\완성파일'에서 비디오 편집기에서 만든 '태양계.mp4' 파일을 선택하고 [열기] 버튼을 클릭합니다.

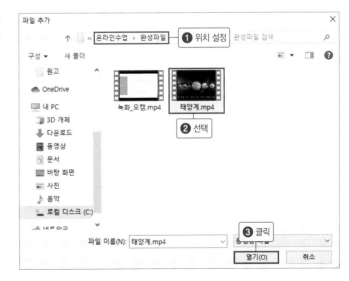

❼ 설정을 변경하기 위해 [환경설정]을 클릭합니다.

❽ 출력형식에서 'AVI'로 선택하고, 보통 동영상은 휴대기기용으로 변환하므로 [화면] 탭은 크기가 작게 설정된 기본 설정 그대로 둡니다. [소리] 탭을 클릭하여 증폭을 최대 크기인 '20'으로 지정한 후 [확인] 버튼을 클릭합니다.

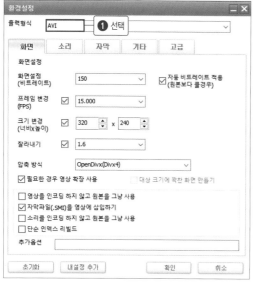

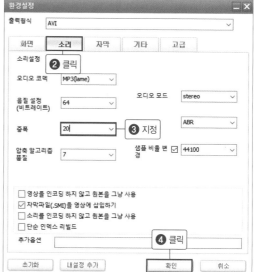

❾ [인코딩 시작] 버튼을 클릭하여 인코딩을 시작합니다. 인코딩이 완료되면 [폴더열기]를 클릭하여 저장 파일을 확인할 수 있습니다.

❿ 포맷이 AVI로 변경된 것을 확인할 수 있습니다. '[BADAK]태양계.avi' 파일을 더블클릭합니다.

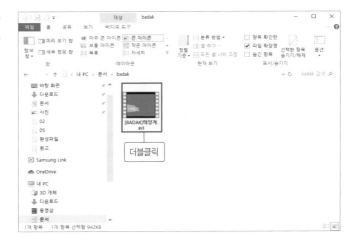

⓫ 동영상이 실행되고 볼륨이 커진 것을 확인할 수 있습니다.

Q&A 웹에서 바로 동영상 파일을 변환할 수는 없나요?

Convertio(https://convertio.co/kr)에 접속하면 설치 프로그램 없이 파일을 불러와서 바로 원하는 파일 형식으로 변환할 수 있습니다. 다만, 무료의 경우 100MB까지만 가능하기 때문에 작은 파일을 변환할 때 유용하고, 큰 파일을 변환하려면 유료 구매를 해야 합니다.

❶ 웹 브라우저에서 Convertio(https://convertio.co/kr)에 접속한 후 [파일 선택]을 클릭하여 [열기] 대화상자에서 '온라인 수업\완성파일\태양계.mp4'를 불러옵니다.

❷ 오디오나 비디오 파일 형식을 선택할 수 있는데, [∨]를 클릭하여 비디오 형식 중 'MKV'를 선택합니다.

❸ 변환이 완료되면 [다운로드] 버튼을 클릭하여 사용자 컴퓨터로 다운로드합니다.

PPT로 동영상 수업 자료 만들기
온라인 수업용 PPT 핵심 기능만!

온라인에서 제공하는 다양한 무료 템플릿이나 디자인 요소를 사용하면 전문가가 만든 것 같은 프레젠테이션을 이용하여 온라인 수업용 자료를 만들 수 있습니다. 파워포인트의 스마트아트 그래픽을 사용하여 수업에 필요한 자료를 시각적으로 표현하고, 슬라이드 쇼의 재생 시간을 녹화하여 예행 연습을 통한 수업 연습 방법을 알아보겠습니다.

■ 예제파일 : 멀티미디어.pptx, 전환효과.pptx, 녹화.pptx, bgm.mp3, 영상샘플.mp4, logo.png
■ 완성파일 : 미리캔버스.png, 스마트아트그래픽.ppt, 멀티미디어완성.pptx, 전환효과완성.pptx, 파워포인트녹화.mp4

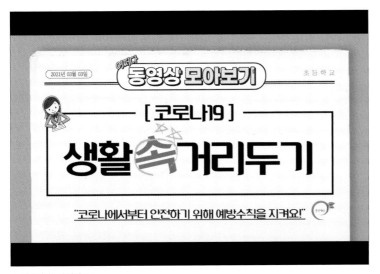

▲ 미리캔버스 슬라이드 쇼

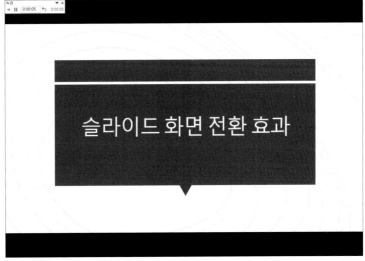

▲ 파워포인트에서 슬라이드 쇼 재생 시간 녹화하기

1. 미리캔버스의 특징

미리캔버스는 PPT, 로고, 배너, 카드뉴스, 유튜브 썸네일 등 단시간에 전문가 수준의 디자인을 만들 수 있는 무료 디자인툴로 워터마크도 없고 상업적으로도 사용 가능합니다.

- 미리캔버스에서 만든 디자인을 상업적으로 사용할 수 있으나 미리캔버스에서 제공한 것 외에 직접 추가한 요소의 경우에는 저작권을 확인해 봐야 합니다. 미리캔버스에서 다운로드한 PPT 파일을 상업적 발표나 강의 자료로 사용할 수 있으나 파일 자체를 다른 사람에게 공유하거나 배포하는 것은 금지되어 있습니다.
- 미리캔버스에 있는 디자인 요소는 개별적으로 사용할 수 없습니다. 사진, 아이콘, 이미지, 도형, 텍스트, 차트 등의 디자인 요소들은 캡처나 다른 이름으로 저장하여 복제하거나 수정할 수 없습니다.

2. 미리캔버스 회원가입하기

❶ 크롬(🌐) 웹 브라우저를 실행하여 미리 캔버스(https://www.miricanvas.com)에 접속합니다. 회원가입하기 위해 오른쪽 상단의 [5초 회원가입]을 클릭합니다.

❷ 회원가입 창에 이름, 이메일, 비밀번호를 입력합니다. 미리캔버스 이용 약관 및 개인정보 취급방침에 체크하고 [무료 회원가입] 버튼을 클릭합니다.

(Tip) 이메일 인증이 필요하므로 꼭 본인이 사용하는 이메일로 회원가입해야 합니다.

❸ 가입할 때 입력한 이메일로 이동하면 받은편지함에 인증을 요구하는 이메일이 전송되어 있습니다. 해당 이메일의 인증하기에서 [이메일 인증하기] 버튼을 클릭합니다.

❹ 인증을 거치면 다시 새 창에 미리캔버스 사이트가 로그인되어 열립니다. [바로 시작하기] 버튼을 클릭합니다.

Tip 오른쪽 상단의 본인의 계정 아이콘을 클릭한 후 [마이스페이스]를 클릭해도 디자인 문서를 만들 수 있는 툴이 열립니다.

3. 디자인 문서 만들기

❶ [새 문서 만들기] 버튼을 클릭합니다.

② 직접 입력을 클릭한 후 직접 문서 사이즈를 입력할 수도 있으나 웹용 목록 중에서 [프레젠테이션]을 클릭합니다.

③ 왼쪽 메뉴 중 [템플릿]을 선택하고, 검색창에 '코로나'라고 입력한 후 모든 템플릿을 클릭하여 [프레젠테이션]으로 설정하여 검색합니다. 코로나와 관련된 프레젠테이션 템플릿만 검색됩니다. 새 문서에 템플릿을 적용하기 위해 마음에 드는 템플릿에 마우스를 가져간 후 [더보기(⋯)]-[이 템플릿으로 덮어쓰기]를 클릭합니다.

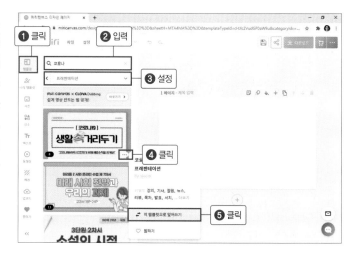

④ 템플릿이 적용되었습니다. 오른쪽 상단의 텍스트 상자를 더블클릭하여 '초등학교'로 수정합니다. 해당 텍스트 상자가 선택되어 있는 상태에서 왼쪽 도구 중 [글자색]을 클릭합니다. 색상 팔레트에서 원하는 색상을 선택하면 글자색이 변경됩니다.

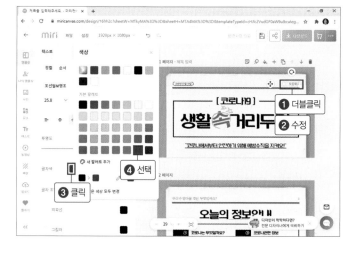

> **Tip** 수정하려는 텍스트 상자를 더블클릭하면 텍스트를 수정할 수 있는 상태로 변경되고, 왼쪽에는 텍스트 도구 모음이 나타납니다. 글꼴, 글자 크기, 정렬, 글자색, 글자 조정 등을 변경할 수 있습니다.

❺ 글자 조정을 클릭하여 자간을 '42'로 설정합니다.

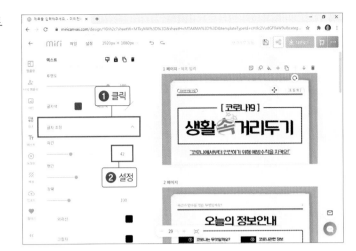

Tip 글자 조정에서는 자간, 행간, 장평 등을 변경할 수 있습니다.

❻ 텍스트를 추가하기 위해 왼쪽 메뉴에서 [텍스트]를 클릭한 후 [스타일] 탭을 클릭합니다. 디자인된 텍스트 스타일을 선택할 수 있습니다. 마음에 드는 스타일을 클릭합니다.

❼ 텍스트 상자가 삽입되면 더블클릭하여 글자를 수정합니다.

❽ 텍스트 상자의 크기 조절점을 조절한 후 드래그하여 원하는 곳으로 이동합니다.

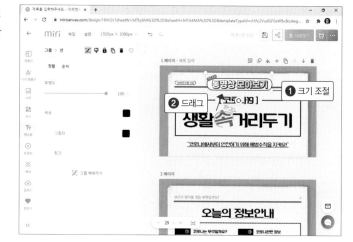

Tip 텍스트 상자를 옮길 때 자동으로 가이드선이 보여서 다른 요소들과 위치를 보면서 옮길 수 있습니다.

❾ 디자인 요소를 삽입하기 위해 왼쪽 메뉴에서 [요소]를 클릭하고, 검색창에 '학생'이라고 입력하고 검색하면 관련 이미지가 나타납니다. 목록 중 마음에 드는 학생 이미지를 클릭합니다.

❿ 삽입된 학생 이미지를 선택하여 크기 조절점이 나타나면 알맞은 크기로 조절하고, 드래그하여 원하는 곳으로 이동합니다. 회전 핸들(⟳)을 드래그하여 342도가 되게 회전합니다.

⓫ 본인 PC에서 파일을 불러와서 삽입하기 위해 왼쪽 메뉴 중 [업로드]를 클릭한 후 [내 파일 업로드] 버튼을 클릭합니다. [열기] 대화상자의 '온라인 수업\예제파일'에서 'logo.png' 파일을 선택하고 [열기] 버튼을 클릭합니다.

⓬ 왼쪽에 본인 PC에서 불러온 파일 목록이 펼쳐지면 방금 전 불러온 파일을 선택합니다. 내 문서에서 불러온 파일이 삽입됩니다.

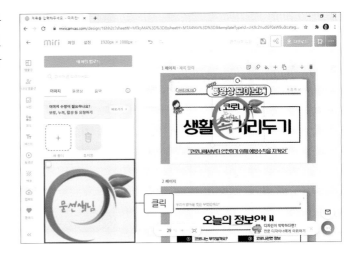

⓭ 삽입된 이미지의 크기를 조절하여 알맞은 곳에 위치시킵니다.

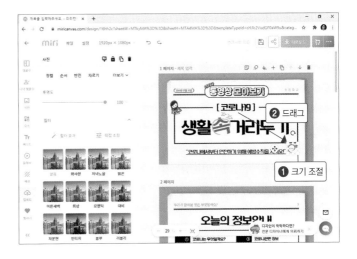

4. 슬라이드 쇼와 다운로드하기

① 미리캔버스에서 작성한 프레젠테이션을 슬라이드 쇼하려면 왼쪽의 상단 메뉴 중 [파일]–[슬라이드 쇼]를 클릭합니다.

② 슬라이드 쇼가 진행됩니다.

③ 작성한 문서를 다운로드하기 위해 오른쪽 상단의 [다운로드] 버튼을 클릭한 후 [웹용] 탭에서 파일 형식을 'PNG'로 선택하고, 페이지 선택에서 원하는 페이지를 선택합니다. '1페이지'를 선택한 후 [고해상도 다운로드] 버튼을 클릭합니다.

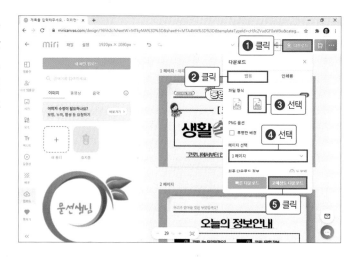

> **Tip) 파일 형식과 다운로드 방식**
> - JPG : 용량이 작지만 이미지가 손상될 수 있음
> - PNG : 고품질의 이미지이며 투명 배경 지원
> - 빠른 다운로드 : 크기가 작은 문서를 빠르고 효율적으로 다운로드
> - 고해상도 다운로드 : 고품질 이미지 파일을 다운로드함

④ 파일의 다운로드가 완료되면 다운로드가 완성되었다는 창에서 [닫기] 버튼을 클릭합니다. 하단의 다운로드 파일을 선택한 후 [폴더 열기]를 클릭하여 다운로드된 파일을 확인하고 파일명은 '미리캔버스.png'로 변경합니다.

Tip 크롬(📀) 웹 브라우저에서 파일 다운로드를 하면 기본 옵션이 [다운로드] 폴더로 되어 있어서 다운로드한 파일은 본인 PC의 [다운로드] 폴더에서 확인할 수 있습니다.

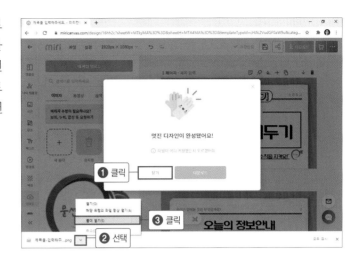

⑤ PPT 파일로 다운로드하기 위해 다시 오른쪽 상단의 [다운로드] 버튼을 클릭한 후 [웹용] 탭에서 파일 형식을 'PPT'로 선택합니다. PPT 옵션은 '개별 요소 이미지화'로 설정한 후 [다운로드] 버튼을 클릭합니다.

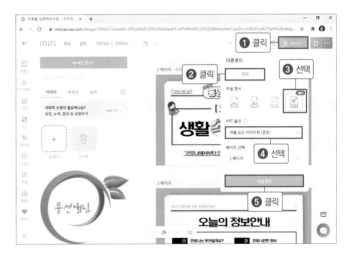

⑥ 저작권 확인 창을 읽어보고 동의 여부에 체크한 후 [확인] 버튼을 클릭합니다.

Tip PPT 옵션
- **개별 요소 이미지화** : 작업한 이미지와 폰트 스타일을 그대로 유지하고 다운로드할 수 있지만, 텍스트 내용은 수정할 수 없습니다.
- **텍스트 편집 가능** : PPT 파일에서 텍스트 편집이 가능하지만, 사용자의 PC에 폰트가 없으면 기본 폰트로 변경되어 표시됩니다.
- **통 이미지** : 페이지별로 하나의 이미지로 합쳐져서 다운로드됩니다.

❼ 작성한 문서를 공유하기 위해 [⟨⟩]를 클릭한 후 '디자인 문서 공개'를 활성화하고, [url 복사]를 클릭합니다. 복사한 URL을 메일이나 메신저로 다른 사람과 공유합니다.

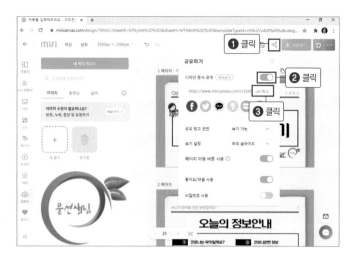

❽ 공유 URL을 받은 사람이 링크로 접속하면 해당 문서를 공유하게 됩니다. 공유 문서에 대해 서로 대화를 나누려면 [◎]를 클릭하여 채팅합니다.

❾ 공유한 사람들과 슬라이드 쇼를 진행하려면 [⊕]를 클릭한 후 [▣]를 클릭하여 슬라이드 쇼를 진행합니다.

스마트아트 그래픽으로 한눈에 들어오는 수업 자료 만들기

1. 수업 자료 만들 때 스마트아트 그래픽 활용하기

① 파워포인트의 빈 화면 슬라이드에 스마트아트(SmartArt) 그래픽을 삽입하기 위해 [삽입] 탭-[일러스트레이션] 그룹-[SmartArt]를 클릭합니다.

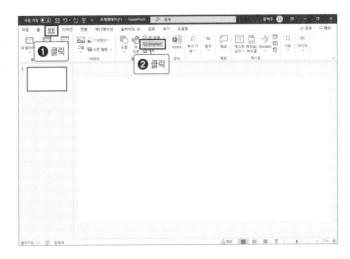

 Tip 파워포인트 실행하기

[시작(■)] 버튼-[PowerPoint]를 클릭하여 파워포인트를 실행합니다. 슬라이드 창 위에서 마우스 오른쪽 버튼을 클릭하여 팝업 메뉴에서 [레이아웃]-[빈 화면]을 실행합니다.

② SmartArt 그래픽 선택 창의 왼쪽에서 [프로세스형]을 선택하고, [연속 블록 프로세스형]을 클릭한 후 [확인] 버튼을 클릭합니다.

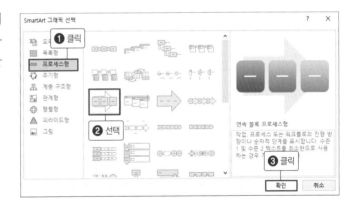

 Tip SmartArt 그래픽

SmartArt 그래픽은 정보를 빠르고 쉽게 시각적으로 표현하는 디자인 요소입니다. 다양한 레이아웃 중에서 수업 자료에 적합한 레이아웃을 선택하여 메시지나 아이디어를 효과적으로 전달할 수 있습니다.

③ 텍스트 창에서 텍스트를 입력하고, 방향키 중 ↓키를 눌러 다음 도형으로 이동합니다.

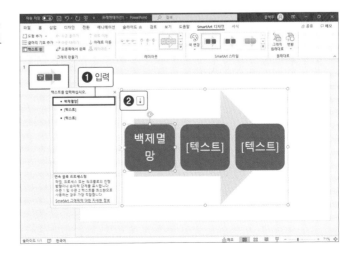

④ 텍스트 창에서 텍스트를 입력하고, 방향키 중 ⬇키를 누른 후 텍스트를 입력합니다. 도형을 추가하기 위해 Enter↵키를 누릅니다. 텍스트 창의 마지막 부분에 텍스트를 입력하면 새로 추가된 도형에 입력됩니다.

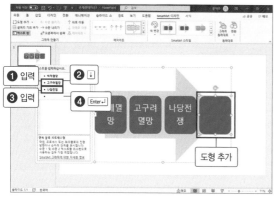
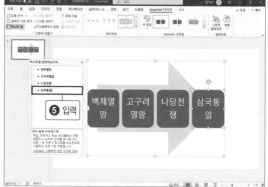

Tip 도형 삭제

• **텍스트 창 내에서 도형 삭제** : 삭제하려는 도형을 나타내는 텍스트 줄을 선택하고 Delete키를 누릅니다.
• **SmartArt 그래픽 내에서 도형 삭제** : 삭제하려는 도형의 테두리를 클릭하고 Delete키를 누릅니다.

⑤ SmartArt 그래픽의 레이아웃을 변경하려면 [SmartArt 그래픽 디자인] 탭-[레이아웃] 그룹-[자세히(▽)] 버튼을 클릭하면 다른 레이아웃을 선택하여 변경할 수 있습니다.

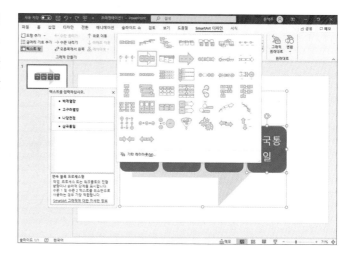

⑥ 그래픽의 색상을 변경하기 위해 [SmartArt 그래픽 디자인] 탭-[SmartArt 스타일] 그룹-[색 변경]-[색상형 범위 중 강조색 4 또는 5]를 클릭합니다.

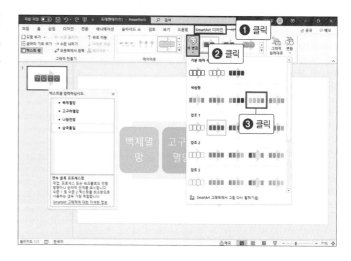

❼ 그래픽의 스타일을 변경하려면 [Smart
Art 그래픽 디자인] 탭-[SmartArt 스타일]
그룹-[자세히(▽)] 버튼-[일몰]을 클릭합
니다. 3차원 스타일로 변경되었습니다.

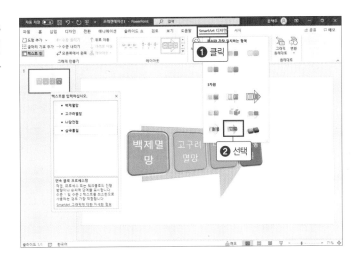

2. SmartArt 그래픽을 도형과 텍스트로 변환하기

❶ SmartArt 그래픽을 도형으로 변환
하기 위해 [SmartArt 그래픽 디자인]
탭-[원래대로] 그룹-[변환]-[도형으로
변환]을 클릭합니다.

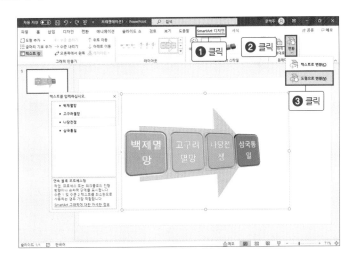

❷ SmartArt 그래픽이 도형으로 변환되
어서 SmartArt 그래픽을 편집할 수 있는
[SmartArt 그래픽 디자인] 탭은 더 이상
나타나지 않습니다.

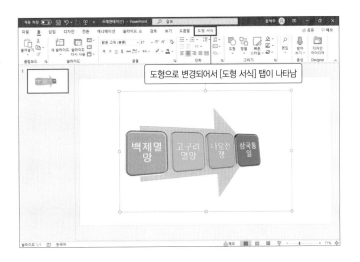

❸ [홈] 탭-[슬라이드] 그룹-[새 슬라이드]-[제목 및 내용]을 클릭하여 새 슬라이드를 만듭니다.

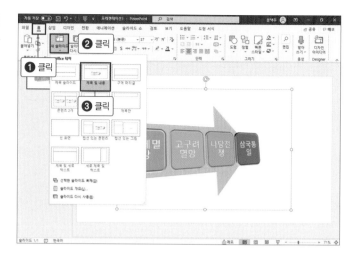

❹ 제목과 내용을 입력한 후 텍스트 상자를 선택하고 바로 SmartArt 그래픽으로 변환하기 위해 [단락] 그룹-[SmartArt 그래픽으로 변환(🖼)]을 클릭하여 원하는 그래픽을 선택하면 바로 SmartArt 그래픽으로 변환됩니다.

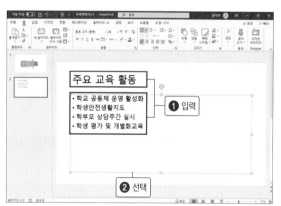

❺ 다시 텍스트로 변환하려면 [SmartArt 그래픽 디자인] 탭-[원래대로] 그룹-[변환]-[텍스트로 변환]을 클릭합니다.

동영상 수업 자료 제작을 위한 파워포인트 고급 팁 알아보기

1. 오디오 파일을 삽입할 때 알아두면 좋은 팁

❶ '멀티미디어.pptx' 파일을 불러온 다음 [삽입] 탭-[미디어] 그룹-[미디어]-[오디오]-[내 PC의 오디오]를 클릭합니다.

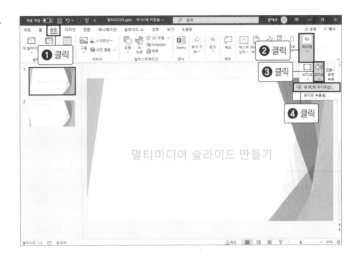

❷ [오디오 삽입] 대화상자의 '온라인 수업\예제파일'에서 'bgm.mp3' 파일을 선택한 후 [삽입] 버튼의 [▼]를 클릭하여 [삽입]을 선택합니다.

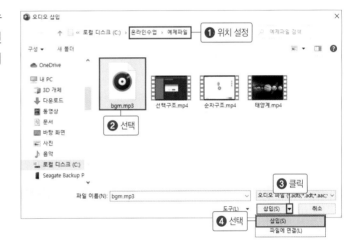

(Tip) 미디어 파일 삽입

• **삽입** : 오디오나 동영상 파일을 삽입할 때 [삽입]을 선택하면 삽입 파일이 문서에 포함되어 삽입되기 때문에 문서 파일의 용량은 커지지만, 경로와 상관없이 미디어 파일이 실행됩니다.

• **파일에 연결** : 오디오나 동영상 파일을 문서 파일과 연결해 주기 때문에 문서 파일의 용량은 크지 않지만, 경로가 바뀌면 제대로 미디어 파일이 실행되지 않기 때문에 반드시 미디어 파일과 문서 파일이 같은 폴더에 있어야 합니다.

❸ 삽입된 오디오 파일이 프레젠테이션의 배경 음악으로 재생되게 하려면 [재생] 탭-[오디오 스타일] 그룹-[백그라운드에서 재생]을 클릭합니다.

❹ [애니메이션] 탭-[애니메이션] 그룹-[추가 효과 옵션 표시(⤵)]를 클릭합니다.

❺ [오디오 재생] 대화상자의 재생 중지에서 '지금부터 슬라이드 후'를 선택한 후 지금 슬라이드부터 몇 페이지 이후에 재생을 중지할지 결정하고 숫자를 설정합니다. [확인] 버튼을 클릭합니다.

Tip 지금부터 1 슬라이드 후라고 설정하면 현재 슬라이드에서 1페이지 이후의 슬라이드부터 재생이 중지됩니다. '현재 슬라이드 다음'을 선택할 때와 같은 효과가 나타납니다.

2. 동영상 파일을 삽입할 때 알아두면 좋은 팁

❶ 슬라이드 2를 선택한 후 [삽입] 탭-
[미디어] 그룹-[미디어]-[비디오]-[내
PC의 비디오]를 클릭합니다.

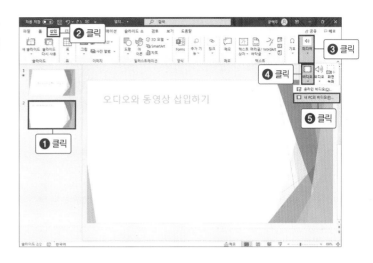

❷ [비디오 삽입] 대화상자의 '온라인 수
업\예제파일'에서 '영상샘플.mp4' 파일을
선택한 후 [삽입] 버튼의 [▼]를 클릭하고
[삽입]을 선택합니다.

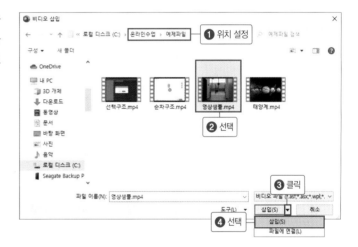

❸ 슬라이드에 동영상이 삽입되면 크기
조절점을 조절하여 알맞은 크기로 조절
하고 드래그하여 위치시킵니다. 슬라이
드 쇼에서 비디오가 자동 재생될 수 있게
[재생] 탭-[비디오 옵션] 그룹-[마우스
클릭 시]를 클릭하여 [자동 실행]을 선택
합니다.

④ 비디오의 불필요한 부분을 제거하기 위해 [재생] 탭-[편집] 그룹-[비디오 트리밍]을 클릭합니다.

⑤ 시작 시간부터 종료 시간까지 비디오가 재생될 수 있도록 시작 시간과 종료 시간을 입력하여 조정한 후 [확인] 버튼을 클릭합니다.

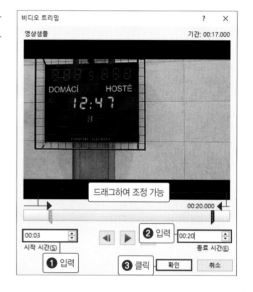

⑥ 비디오가 서서히 밝아지고, 서서히 종료될 수 있게 페이드 인, 페이드 아웃 효과를 설정합니다. [재생] 탭-[편집] 그룹-[페이드 인], [페이드 아웃]을 각각 [01.00]으로 설정합니다.

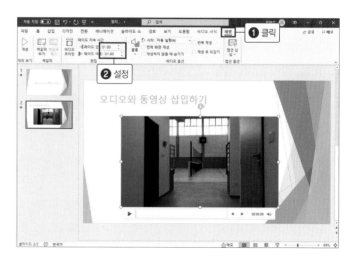

Tip 페이드 인과 페이드 아웃
- **페이드 인** : 오디오나 영상이 시작될 때 서서히 음악 소리가 커지거나 점점 영상이 밝아지게 하는 효과입니다.
- **페이드 아웃** : 오디오나 영상이 끝날 때 서서히 음악 소리가 작아지거나 점점 영상이 어두워져 사라지게 하는 효과입니다.

3. 화면 전환 시 알아두면 좋은 팁

❶ '전환효과.pptx'를 불러온 후 [전환] 탭-[슬라이드 화면 전환] 그룹-[자세히 (▽)] 버튼을 클릭합니다.

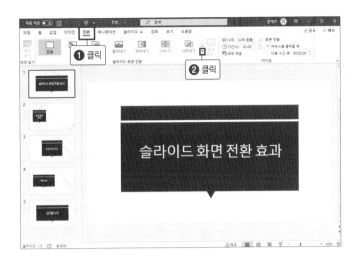

❷ 다양한 화면 전환 효과가 나타납니다. [갤러리] 효과를 선택합니다.

❸ 방향과 같은 전환 효과의 옵션을 변경하기 위해 [전환] 탭-[슬라이드 화면 전환] 그룹-[효과 옵션]-[왼쪽에서]를 클릭합니다. 갤러리 전환 효과의 방향이 왼쪽에서 오른쪽으로 전환됩니다.

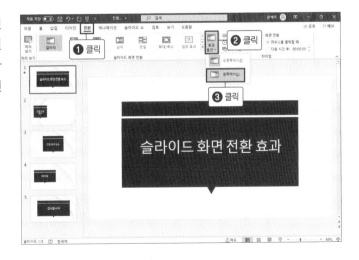

❹ 전환 효과의 속도를 조절하기 위해 [전환] 탭-[타이밍] 그룹-[기간]을 '3'으로 설정합니다. 전환 시 속도가 3초로 변경됩니다. 모든 슬라이드에 적용하기 위해 [모두 적용]을 클릭합니다.

❺ 전환 효과가 모든 슬라이드에 적용되어 슬라이드 앞에 [★]가 표시됩니다.

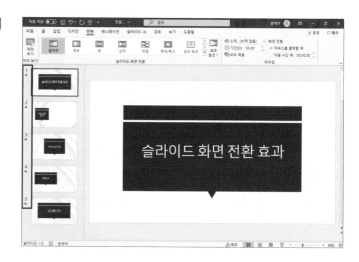

4. 예행 연습으로 슬라이드 쇼 자동 실행하기

❶ 예행 연습을 하기 위해 [슬라이드 쇼] 탭-[설정] 그룹-[예행 연습]을 클릭합니다.

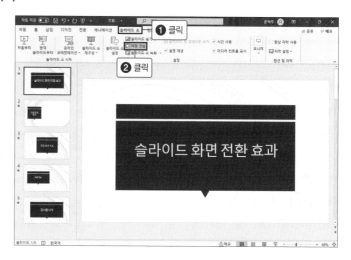

 예행 연습

프레젠테이션의 예행 연습을 진행하면 파워포인트의 각 슬라이드에서 진행된 소요 시간을 기록하게 됩니다. 다음에 슬라이드 쇼를 실행하면 자동으로 슬라이드 쇼가 진행되어서 프레젠테이션 전까지 슬라이드마다 정확한 시간을 파악하며 발표 연습을 할 수 있습니다.

❷ 슬라이드 쇼가 시작되고, 녹화 창이 표시됩니다. 각 슬라이드의 진행 시간을 기록하게 됩니다. 왼쪽은 현재 슬라이드의 시간을 표시하고, 오른쪽은 전체 슬라이드 시간을 표시합니다. 다음 슬라이드로 진행하게 되면 왼쪽 시간은 '00:00:00'이 됩니다.

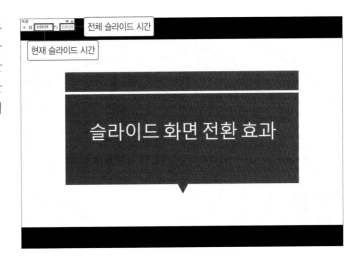

❸ 마지막 페이지까지 슬라이드 쇼를 진행하면 슬라이드 쇼에 걸린 시간과 저장 여부를 묻는 창이 나타납니다. [예] 버튼을 클릭합니다.

❹ 오른쪽 하단의 화면 보기 버튼 중 [여러 슬라이드(🔠)]를 클릭하면 각 슬라이드마다 기록된 시간을 확인할 수 있습니다. 오른쪽 하단의 화면 보기 버튼 중 [슬라이드 쇼(🖵)]를 클릭하면 기록된 시간대로 자동으로 슬라이드 쇼가 진행됩니다.

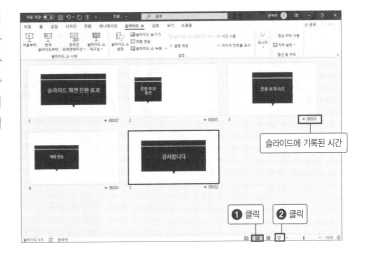

파워포인트 수업 자료를 선생님께서 설명하는 모습까지 화면 녹화할 수 있나요?

웹캠과 마이크가 연결된 상태에서 슬라이드 쇼 녹화 기능으로 녹화하면 선생님 얼굴을 포함하여 녹화할 수 있습니다. 녹화한 파일은 비디오 만들기로 내보내기하여 저장하면 됩니다.

❶ '녹화.pptx'를 불러온 후 [슬라이드 쇼] 탭-[설정] 그룹-[슬라이드 쇼 녹화]-[처음부터 녹화]를 클릭합니다.

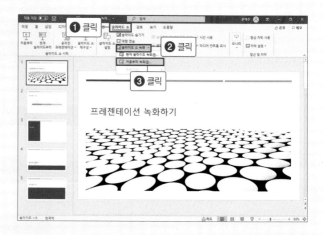

❷ 마이크와 웹캠이 컴퓨터에 연결되어 있다면 오른쪽 하단에 미리보기 화면으로 발표자 얼굴이 보입니다. 상단의 메모를 클릭하면 슬라이드 노트에 부연 설명한 내용이 보입니다. 미리보기(🧑)를 클릭하여 미리보기를 숨기고 화면 녹화를 할 수 있습니다.

❸ [녹음/녹화(⏺)]를 클릭하면 화면에 숫자가 나타나고 녹화가 시작됩니다.

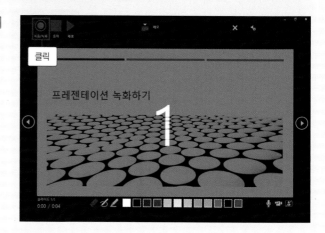

❹ 수업을 진행하면서 필기 도구가 필요하면 아래쪽의 색상을 선택한 후 화면에서 드래그하여 사용합니다. 슬라이드 쇼가 끝까지 진행되면 마우스를 클릭하여 슬라이드 쇼를 종료합니다.

❺ 미리보기 화면을 숨겼어도 웹캠이 켜져 있었기 때문에 발표자 얼굴이 포함되어 녹화되었습니다. 영상 파일로 저장하기 위해 [파일] 탭을 클릭합니다.

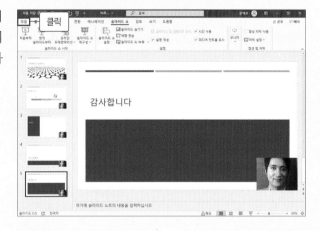

❻ [내보내기]–[비디오 만들기]를 클릭하여 [기록된 시간 및 설명 사용]으로 설정하고 [비디오 만들기] 버튼을 클릭합니다. [다른 이름으로 저장] 대화상자에서 저장 위치를 설정하고 파일 이름을 입력하여 저장합니다.

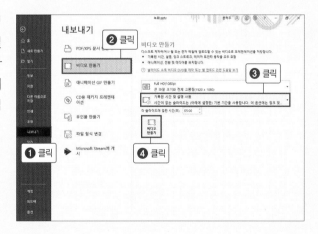

Part

2

구글
클래스룸
활용하기

구글은 세계 최대 인터넷 검색 서비스로 다양한 구글 서비스 및 소프트웨어를 제공하고 있습니다. 방대한 자료를 보관하고 공유할 수 있는 구글 드라이브, 학생들에게 과제와 수업을 관리할 수 있는 구글 클래스, 업무용으로도 활용할 수 있는 구글 문서, 일정 관리를 도와주는 구글 캘린더, 화상 수업을 실시간으로 진행할 수 있는 구글 미트가 있습니다. 알찬 온라인 수업을 진행하기 위해 구글에서 제공하는 서비스를 최대한 잘 활용하는 방법에 대해서 알아보겠습니다.

Chapter 07
무제한 드라이브 추가로 날개 달기
학교와 자택 PC의 실시간 동기화?

USB 등의 저장 매체에 파일을 저장하면 훼손이나 분실 등의 우려가 있지만, 구글 드라이브에 파일을 공유하면 안전하게 파일을 보관할 수 있습니다. 개인 사용자에게는 15GB를 무료로 제공하고, G-Suit for Education에 교육용 계정으로 가입하면 무제한으로 구글 드라이브를 사용할 수 있습니다. 구글 드라이브에 파일을 업로드하는 방법, 공유하는 방법, 공동 편집자와 협업하는 방법까지 알아보도록 하겠습니다.

■ **예제파일 :** 엔트리.pdf, 이미지검색.jpg

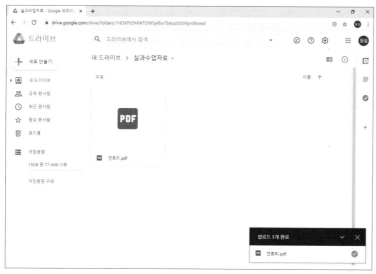

▲ 구글 드라이브에 파일 업로드

▲ 구글 드라이브에서 공유하기

1. 구글 드라이브의 특징

구글 드라이브는 구글에서 제공하는 클라우드로 인터넷에 연결만 되어 있으면 PC 및 모바일 기기를 포함한 모든 기기에서 언제, 어디서나 파일을 안전하게 보관할 수 있습니다. USB 같은 이동형 저장 매체의 경우에는 분실이나 훼손의 위험이 있지만, 구글 드라이브에 보관하면 분실, 훼손의 위험 없이 중요한 파일을 보관할 수 있습니다.

구글 드라이브에 보관한 콘텐츠를 다른 사람과 공유하면 협업할 수 있고, 공동 작업할 수 있어서 편리합니다. 사람마다 따로 로컬 드라이브에 저장할 필요없이 구글 드라이브를 공유 드라이브로 활용하여 사용할 수 있습니다. 개인 사용자의 경우 휴대기기, 컴퓨터에서 파일과 폴더를 저장하고 15GB까지 무료로 사용할 수 있습니다. 학교 단위로 G-Suit for Education(구글 교육용 클라우드)에 가입하면 학교 계정이 만들어지고 학교에 속한 선생님과 학생은 학교 계정으로 G-Suit에 가입하여 클라우드를 무제한으로 사용하고, 구글 클래스룸을 운영할 수 있습니다.

▲ 개인용 구글 드라이브와 앱

▲ G-Suit 사용자 구글 드라이브와 앱

 구글 워크스페이스

구글 워크스페이스란 G-Suit의 새로운 이름으로 기업에서 구글 메일, 구글 드라이브, 구글 문서, 구글 캘린더 등 구글의 모든 앱을 사용할 수 있는데, 안전한 맞춤 비즈니스 메일과 화상회의, 요금에 따라 사용자당 30GB 클라우드부터 무제한까지 사용할 수 있습니다. 14일간 무료 버전을 사용해 보고, 버전을 선택하여 구매할 수 있습니다.

• 버전별 요금제와 기능 차이

구분	비즈니스 스타터	비즈니스 스탠다드	비즈니스 플러스	엔터프라이즈
요금	$4.80(매월 사용자당)	$9.60(매월 사용자당)	$18(매월 사용자당)	영업팀에 가격 문의
기능	• 비즈니스 이메일 • 100명 화상회의 • 사용자당 30GB 클라우드 • 보안 및 관리제어 • 기본 지원	• 비즈니스 이메일 • 150명 화상회의 및 녹화 • 사용자당 2TB 클라우드 • 보안 및 관리제어 • 고급지원으로 업그레이드	• 비즈니스 이메일, 디지털 증거 검색 및 보관 • 250명 화상회의 및 녹화, 참석 추적 기능 • 사용자당 5TB 클라우드 • 고급보안 및 관리제어 • 고급지원으로 업그레이드	• 비즈니스 이메일, 디지털 증거 검색 및 보관, 암호화 • 250명 화상회의 및 녹화, 참석 확인, 주변 소음 제거, 도메인 내 실시간 스트리밍 기능 • 무제한 • 고급보안, 관리 및 규정 준수를 위한 제어 기능 • 프리미엄 지원으로 유료 업그레이드

2. 구글 드라이브 시작하기

❶ 크롬(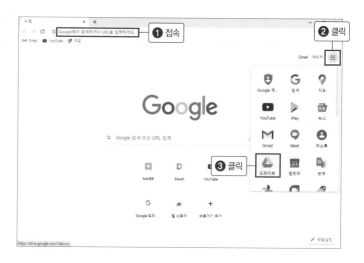) 웹 브라우저를 실행한 후 [Google 앱(▦)]을 클릭하고 [드라이브(☁)]를 클릭합니다.

❷ 구글 로그인 창이 나타나면 구글 계정으로 로그인합니다. 구글 드라이브 웹사이트가 열립니다.

Tip 크롬(●)

크롬(Chrome)은 구글에서 개발한 웹 브라우저로 윈도우, 리눅스, 등 모든 OS에서 사용 가능하고, 구글의 안드로이드와 애플의 iOS도 지원하기 때문에 스마트폰에서도 같은 웹 브라우저를 사용할 수 있습니다. 크롬 웹 브라우저는 북마크 등 사용자 환경을 동일하게 지원하여 어떤 장치에서든 같은 사용자 환경에서 사용할 수 있습니다. 또한 보안 기능이 내장되어 있어서 안전하게 사용할 수 있고, 다국어 번역 등의 기능도 포함되어 있습니다. 윈도우10에서는 마이크로소프트 엣지(●) 브라우저를 기본 웹 브라우저로 제공하는데, 크롬(●) 웹 브라우저를 사용하려면 구글 크롬(https://www.google.com/chrome/)에 접속하여 [Chrome 다운로드]를 통해 설치 파일을 다운로드하여 설치한 후 사용해야 합니다.

3. 구글 드라이브 주요 기능

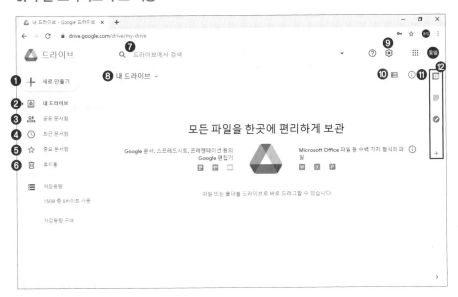

❶ **새로 만들기** : 새 폴더를 만들거나 사용자 PC에 있는 파일이나 폴더를 업로드할 수 있습니다. 구글 문서, 구글 스프레드시트, 구글 프레젠테이션, 구글 설문지 등을 온라인에서 작성하여 바로 구글 드라이브에 저장할 수 있습니다.

❷ **내 드라이브** : 업로드한 파일이나 폴더가 표시되고, 직접 작성한 문서들이 파일로 보관되어 있습니다. 공유된 문서 중 액세스한 문서도 표시됩니다.

❸ **공유 문서함** : 사용자나 다른 사람으로부터 공유된 문서 목록이 표시됩니다.

❹ **최근 문서함** : 최근에 열어보거나 작업한 문서 목록이 표시됩니다.

❺ **중요 문서함** : 업로드된 문서 중 특정 문서를 마우스 오른쪽 버튼으로 클릭한 후 팝업 메뉴 중 [중요 문서함에 추가]를 클릭합니다. [중요 문서함]을 클릭하면 중요 문서함에 추가한 문서만 모여 있습니다. 즐겨찾기와 비슷한 기능입니다.

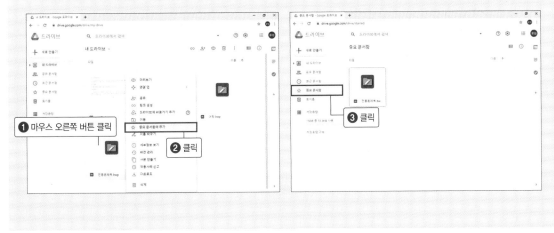

❻ 휴지통 : 드라이브에서 삭제된 문서가 보관됩니다. 영구 삭제하려면 상단의 [휴지통]–[휴지통 비우기]를 클릭합니다.

❼ 드라이브 내 파일이나 폴더를 검색합니다.

❽ 드라이브 내 위치를 표시합니다.

❾ 설정 : 사용자에 맞게 설정할 수 있고, 데스크톱용 드라이브 다운로드, 단축키 등을 알아볼 수 있습니다.

❿ 바둑판 보기, 목록 보기 중 선택하여 보기 형식을 변경할 수 있습니다.

⓫ 세부 정보 보기 : 파일이나 폴더의 세부 정보 및 사용자 활동 내역을 볼 수 있습니다.

⓬ 측면 패널 : 드라이브에 저장된 문서와 연동해서 사용할 수 있는 여러 가지 앱이 표시되어 있습니다. 아래쪽의 [+]를 클릭하고 라이브와 호환되는 부가 기능 앱을 설치하여 드라이브 기능을 폭넓게 사용할 수 있습니다.

4. 환경설정하기

❶ 환경설정을 하기 위해 [설정(⚙)]–[설정]을 클릭합니다.

❷ [일반사항]에서 화면의 설명과 같이 체크합니다.

체크가 되어 있지 않으면 업로드한 문서를 읽기 전용으로만 보게 되므로 온라인에서 편집이 가능하도록 체크합니다.

데스크톱용 드라이브 다운로드 후 PC에서 편집 가능하도록 동기화합니다.

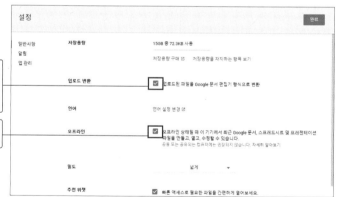

❸ [알림]을 클릭하여 '브라우저를 통해 Google 드라이브 항목과 관련된 모든 업데이트 받기'에 체크한 후 [완료] 버튼을 클릭합니다.

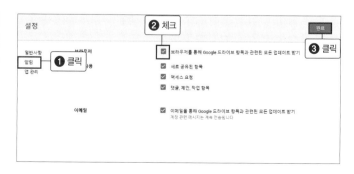

1. 폴더 관리하기

❶ 새 폴더를 만들어서 업로드한 파일을 분류하여 관리하기 위해서 [새로 만들기]-[폴더]를 클릭합니다.

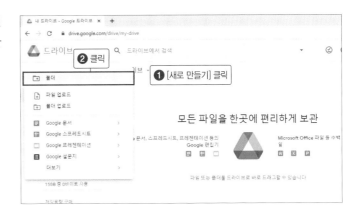

❷ 새 폴더 창의 입력란에 '실과자료'라고 입력하고 [만들기] 버튼을 클릭합니다.

❸ '실과자료'라는 새로운 폴더가 만들어졌습니다. 폴더를 마우스 오른쪽 버튼으로 클릭한 후 팝업 메뉴에서 [이름 바꾸기]를 클릭합니다.

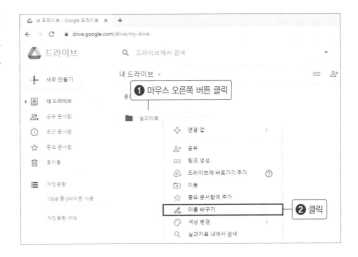

❹ 이름 바꾸기 창의 입력란에 '실과수업
자료'라고 입력한 후 [확인] 버튼을 클릭
하면 폴더 이름이 바뀝니다.

❺ 폴더를 색상별로 분류하기 위해 바
뀐 이름의 폴더를 마우스 오른쪽 버튼
으로 클릭한 후 팝업 메뉴에서 [색상 변
경]-[빨간색]을 클릭합니다.

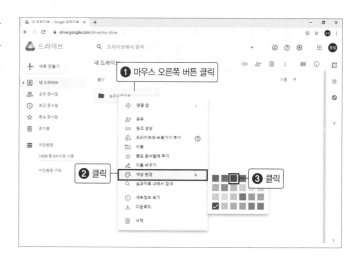

❻ 폴더의 색깔이 빨간색으로 변경되었
습니다.

2. 파일과 폴더 업로드하기

① [실과수업자료] 폴더를 클릭한 후 파일을 업로드하기 위해 [새로 만들기]-[파일 업로드]를 클릭합니다.

② [열기] 대화상자가 나타나면 '온라인수업\예제파일'에서 '엔트리.pdf' 파일을 선택하고 [열기] 버튼을 클릭합니다.

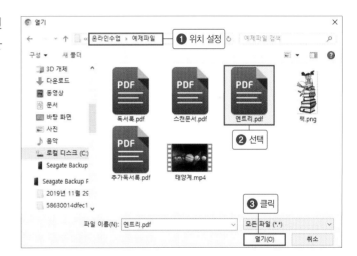

③ 아래쪽에 업로드 완료 알림 창이 나타나면 폴더 안에 업로드 파일이 나타납니다. 알림 창의 [✖]를 클릭하여 닫아줍니다.

❹ [실과수업자료] 폴더 안에 폴더를 업로드하기 위해 [새로 만들기]–[폴더 업로드]를 클릭합니다.

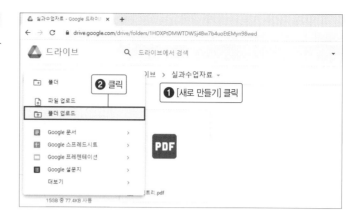

❺ [업로드할 폴더 선택] 대화상자가 나타나면 '온라인수업'에서 '예제파일' 폴더를 선택하고 [업로드] 버튼을 클릭합니다.

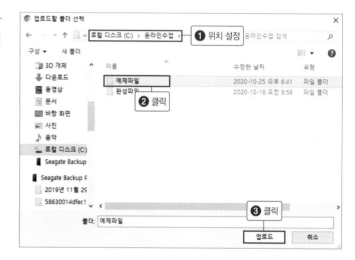

❻ 폴더 안의 파일을 모두 업로드하겠냐는 창에서 [업로드] 버튼을 클릭합니다.

❼ 사용자 PC의 폴더 그대로 구글 드라이브에 업로드되었습니다. 아래쪽 알림 창의 [❌]를 클릭하여 닫아줍니다.

3. 드라이브에서 검색하기

① 드라이브 검색 입력란에 '독서록'을
입력한 후 Enter↵ 키를 누릅니다. '독서록'
이란 단어를 포함하고 있는 파일이 모두
검색됩니다.

> Tip 드라이브에서는 파일명에 검색어를 포함한 파
> 일을 검색할 뿐만 아니라 문서 내에 검색어가 있을
> 경우에도 검색되고, 이미지 내의 검색어도 검색됩
> 니다.

② 드라이브 검색 입력란에 '책가방'이라고 입력하고 Enter↵ 키를 누릅니다. 파일명에는 '책가방'을 포함하고
있지 않으나, 검색된 파일을 더블클릭하면 Google 문서에서 파일이 열리고, 문서 내에 '책가방'이라는 단어
가 있음을 알 수 있습니다.

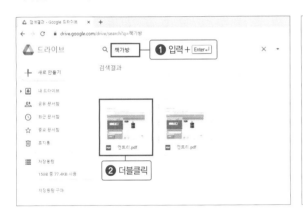

③ 드라이브 검색 입력란에 '학교안전공
제'라고 입력하고 Enter↵ 키를 누르면 이
미지가 검색됩니다.

④ 이미지를 문서로 변환하여 열기 위
해 검색된 이미지 파일에서 마우스 오른
쪽 버튼을 클릭하여 팝업 메뉴에서 [연결
앱]-[Google 문서]를 클릭합니다.

⑤ Google 문서가 새로운 탭에서 열리면
서 이미지가 문서로 열립니다. 위쪽에는
이미지가 삽입되어 있고, 아래쪽에는 이
미지의 내용이 텍스트로 표시됩니다. 문
서 내에 '학교안전공제'라는 단어를 확인
할 수 있습니다.

Tip 검색 옵션(▽)

드라이브에서 검색할 때 옵션을 사용하여 사용자가 원하는
부분만 검색하거나 세밀하게 검색할 수 있습니다.

- **유형** : 파일 유형을 선택하여 검색
- **소유자** : 검색할 항목을 소유자를 기준으로 검색
- **위치** : 드라이브 전체, 폴더나 특정 문서함을 지정하여
  검색
- **수정 날짜** : 기간을 정해서 수정 날짜 기준으로 검색
- **항목 이름** : 항목 이름을 기준으로 검색
- **다음 단어 포함** : 파일이나 문서 내에서 해당 단어를
  포함하여 검색
- **공유 대상** : 이름 또는 이메일을 입력하여 공유 대상에
  서 검색

1. 링크 생성하여 공유하기

① 공유할 폴더를 마우스 오른쪽 버튼으로 클릭한 후 팝업 메뉴에서 [공유]를 실행합니다.

② 사용자 및 그룹과 공유 창이 나타나면 아래쪽의 링크 보기에서 '링크가 있는 모든 사용자로 변경'을 클릭합니다.

③ '제한됨'을 클릭하여 '링크가 있는 모든 사람에게 공개'를 선택합니다. 링크가 있는 모든 사람에게 수정하고, 협업할 수 있는 기능을 부여하기 위해 '뷰어'를 클릭하여 '편집자'를 선택합니다.

> **Tip** 공유 링크를 통해 파일이나 폴더를 읽기만 하고, 편집 기능을 부여하지 않으려면 '뷰어'를 선택합니다.

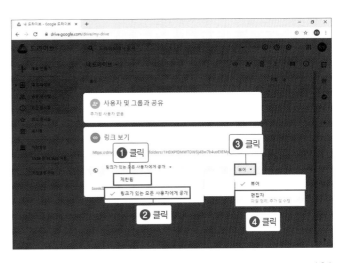

❹ 생성된 링크를 복사하여 다른 사람과
공유하기 위해 [링크 복사] 버튼을 클릭
한 후 [완료] 버튼을 클릭합니다.

❺ 메신저나 메일을 사용하여 다른 사람
에게 복사한 링크를 붙여넣기하여 보냅
니다.

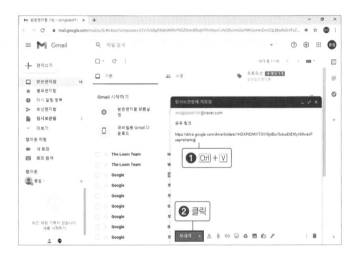

❻ 메신저나 메일을 받은 사람은 공유
링크에 접속하기 위해 해당 링크를 클릭
합니다.

⑦ 링크 클릭만으로 공유한 폴더나 파일을 열어서 볼 수 있습니다.

공유 폴더가 되면서 폴더 아이콘에 사람 모양 추가

⑧ 공동 작업할 파일을 더블클릭하여 연 후에 텍스트를 수정합니다. 파일을 소유한 공동 작업자가 '편집자' 기능을 부여하였기 때문에 문서를 보는 것뿐만 아니라 편집도 할 수 있습니다.

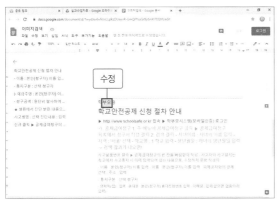

Tip 공유한 링크 제한하기

공유한 링크에 접속하면 불특정 다수에게 모두 공개가 되고 편집까지 할 수 있으므로 다시 공유 링크를 제한하려면 공유한 폴더나 파일을 마우스 오른쪽 버튼으로 클릭한 후 팝업 메뉴에서 [공유]를 실행합니다. 사용자 및 그룹과 공유 창이 나타나면 아래쪽의 링크 보기에서 '링크가 있는 모든 사용자에게 공개'를 클릭하여 '제한됨'을 선택합니다. [완료]를 클릭합니다.

2. 사용자 지정하여 공유하기

❶ 공유할 폴더를 마우스 오른쪽 버튼으로 클릭한 후 팝업 메뉴에서 [공유]를 실행합니다. 사용자 및 그룹과 공유 창의 사용자 및 그룹 추가에 공유할 사람의 '이메일 주소'를 입력합니다. '이메일 알림 보내기'에 체크하고 메시지를 입력합니다. [보내기] 버튼을 클릭하면 메일로 공유 폴더 참여 초대 메시지가 전송됩니다.

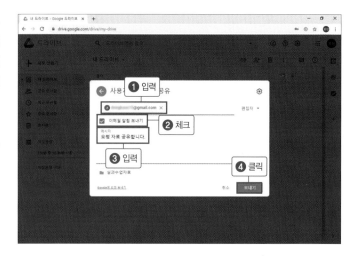

❷ 같은 방법으로 공유할 사용자를 추가한 후 각각의 사용자를 공동 작업할 수 있게 '편집자'로 설정합니다. 소유자를 변경하기 위해 공유한 사용자 목록 중 한 명의 '편집자'를 클릭하여 '소유자로 지정'을 선택합니다.

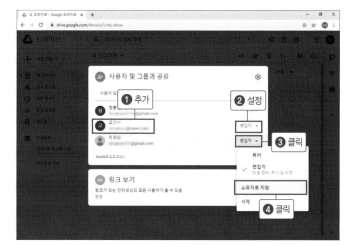

❸ 소유자의 권한을 잃게 되면서 발생되는 여러 사항에 대한 알림 창에 동의하면 [예]를 클릭하여 소유자를 변경합니다. 공유를 완료하기 위해 [완료] 버튼을 클릭합니다.

3. 드라이브에 바로가기 추가하기

① 드라이브에서 '실과수업자료' 폴더 안에 있는 '예제파일' 폴더로 바로 연결되는 바로가기를 만들기 위해 '예제파일'을 마우스 오른쪽 버튼으로 클릭하여 팝업 메뉴에서 [드라이브에 바로가기 추가]를 실행합니다.

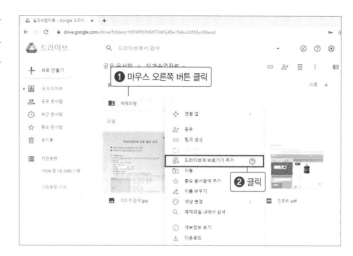

② 드라이브 중 '내 드라이브'를 선택하고 [바로가기 추가] 버튼을 클릭합니다.

③ 아래쪽에 바로가기가 추가되었다는 메시지가 나타나면 왼쪽 메뉴 중 [내 드라이브]를 클릭합니다. 내 드라이브에 '예제파일' 바로가기가 추가된 것을 확인할 수 있습니다.

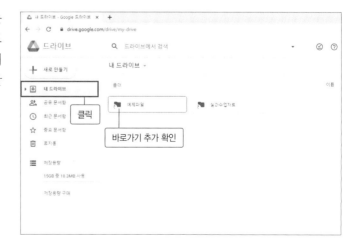

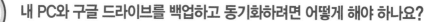

내 PC와 구글 드라이브를 백업하고 동기화하려면 어떻게 해야 하나요?

데스크톱용 드라이브를 다운로드하여 설치합니다. 구글 드라이브에 백업할 폴더를 컴퓨터에서 선택하고, 내 구글 드라이브의 파일을 컴퓨터 폴더에 동기화를 설정하면 내 컴퓨터에 자동으로 구글 드라이브 파일이 백업되고, 구글 드라이브에서는 내 컴퓨터의 동기화한 폴더가 자동으로 업데이트됩니다.

❶ 구글 드라이브에서 [설정(⚙)]-[데스크톱용 드라이브 다운로드]를 클릭한 후 개인용의 [다운로드]를 클릭하여 파일을 다운로드하여 설치를 진행합니다.

❷ Windows용 백업 및 동기화 다운로드에서 [동의 및 다운로드] 버튼을 클릭한 후 백업 및 동기화 창에서 [시작하기] 버튼을 클릭합니다. 구글 계정으로 로그인한 후 [다음] 버튼을 클릭합니다.

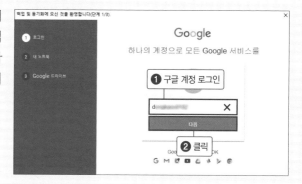

❸ 'Google 드라이브에 계속 백업할 폴더를 컴퓨터에서 선택'에서 [확인] 버튼을 클릭하면 내 컴퓨터에서 백업할 폴더를 선택할 수 있습니다. [다음] 버튼을 클릭합니다.

❹ '내 드라이브의 파일을 컴퓨터의 폴더에 동기화'에서 [확인] 버튼을 클릭한 후 구글 드라이브를 '이 컴퓨터에 내 드라이브 동기화'에 체크하고 [시작] 버튼을 클릭합니다.

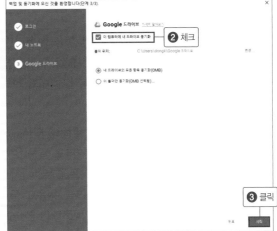

❺ 내 컴퓨터의 파일 탐색기에 구글 드라이브가 추가되어서 열립니다. 구글 드라이브의 파일들이 백업되어 있습니다.

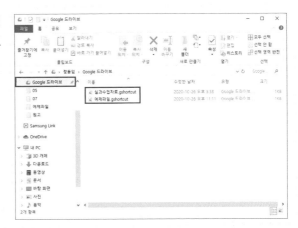

❻ 구글 드라이브에 접속하면 왼쪽에 [컴퓨터] 메뉴가 추가되었습니다. [컴퓨터] 메뉴를 클릭하면 내 컴퓨터에서 동기화한 폴더 안의 파일들이 자동으로 업로드되어 있습니다.

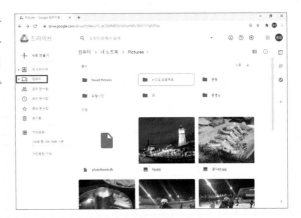

구글 클래스룸으로 온라인 교실 운영하기

세계적으로 대세는 대세!

구글 클래스룸을 통해 온라인 교실을 운영할 수 있습니다. G-Suit for Education에 교육용 계정을 가지지 않은 일반 계정으로도 온라인 교실을 경험해 볼 수 있습니다. 구글 클래스룸을 통해 수업을 개설하면 수업 코드가 생성됩니다. 수업 운영자는 수업 참여자에게 수업 코드를 제공하여 접속할 수 있게 하면 운영자는 과제를 내주고, 참여자는 과제를 제출합니다. 운영자는 제출한 과제를 평가하면서 온라인 교실을 운영할 수 있습니다.

■ **예제파일 :** 과제예시.hwp, 제출과제.hwp

▲ 학생 과제 제출 화면

▲ 교사 제출 과제 관리 화면

구글 클래스룸은 학습 관리시스템(Learning Management System, LMS)을 통해 수업을 개설하고 과제를 할당하며 학생들이 과제를 제출하여 평가할 수 있는 프로그램입니다. 구글 클래스룸은 무엇보다 구글 문서, 구글 드라이브 등의 구글 도구와 연계하여 사용할 수 있다는 장점이 있고, 선생님과 학생들은 컴퓨터와 스마트폰 앱을 통해 파일을 쉽게 공유할 수 있습니다. 구글 클래스룸에서 선생님은 수업을 개설하고, 학생들은 개설된 교실의 코드를 통해 수업에 참여할 수 있습니다.

구글 클래스룸의 특장점

- 학생마다 수업에 필요한 자료를 등록하고 과제 부여가 가능합니다.
- 장소와 시간에 관계없이 질문과 답변이 가능합니다.
- 학생을 손쉽게 추가하고, 여러 수업을 추가하여 관리가 가능합니다.
- 다양한 서식의 과제 자료 제공이 가능하고, 정보를 한곳에 모아 보관합니다.
- 학생들이 제출한 과제에 점수를 부여하고 의견을 댓글로 달 수 있습니다.
- 플립러닝(Flipped Learning), 즉 '거꾸로 교실'로 기초 지식은 구글 클래스룸으로 미리 가정에서 학습하고, 학교에서는 비대면으로 할 수 없는 실기, 실습 활동을 통해 학습 효과를 높일 수 있습니다.
- 학생별 개인화 교육에 유리합니다.

1. 수업 개설하기

❶ 크롬(🔴) 웹 브라우저를 실행한 후
[Google 앱(⠿)]을 클릭하고 [클래스룸
(▣)]을 클릭합니다.

❷ 구글 클래스룸 창에 로그인되어 있는
구글 계정이 표시됩니다. 클래스룸을 계
속 진행하려면 [계속] 버튼을 클릭합니다.

(Tip) 수업에 참여하면 다른 사용자와 연락처를 공
유하는 것에 동의하게 됩니다.

❸ 오른쪽 상단의 [+]를 클릭하여 선생
님 입장에서 수업을 개설하기 위해 [수업
만들기]를 클릭합니다.

(Tip) 학생의 경우에는 오른쪽 상단의 [+]를 클릭한
후 [수업 참여하기]를 클릭하여 개설된 수업에 참여
합니다.

④ 공지사항 창이 표시되면 공지사항을 이해하였는지와 학교에서 학생과 함께 클래스룸을 사용하지 않겠다는 내용에 체크한 후 [계속] 버튼을 클릭합니다.

> **Tip** 학교에서 G-Suit for Education을 무료 가입하면 학교에서 학생이 사용할 수 있는 구글 서비스를 사용할 수 있고, 개인 정보 보호 및 보안 기능이 추가됩니다. 학교에서는 학생도 일반 계정으로 구글 클래스룸을 사용할 수 없습니다. 아직 학교에서 G-Suit for Education을 가입하지 않은 경우도 있고, 일반 사용자도 많으므로 여기서는 일반 계정으로 구글 클래스룸을 사용하는 방법에 대해서 알아보겠습니다. 교육 계정으로도 동일한 방법으로 사용할 수 있습니다.

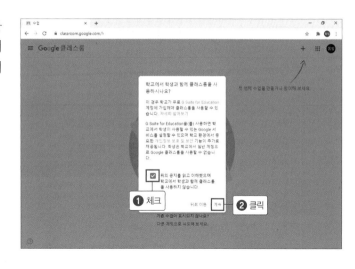

⑤ 수업 만들기 창에서 수업 이름과 부제를 각각 입력하고 [만들기]를 클릭합니다.

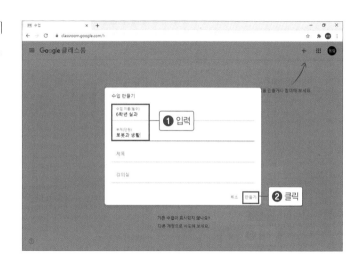

⑥ 수업이 개설되면서 수업 코드도 생성되었습니다. 수업에 참여할 학생들에게 수업 코드를 알려주고, 참여 시 수업 코드로 접속하라고 알려줍니다. 개설된 수업의 [스트림] 탭에서는 수업과 관련된 전반적인 내용을 표시합니다.

2. 과제 등록하기

① 수업 내용을 등록하기 위해 [수업] 탭을 클릭합니다. [만들기] 버튼–[과제]를 클릭합니다.

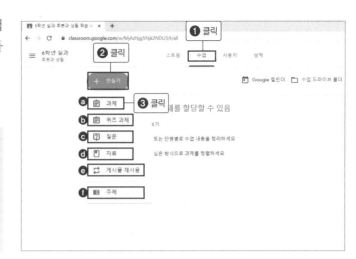

ⓐ 과제 : 과제 등록(파일 첨부 등)
ⓑ 퀴즈 과제 : 설문지 양식을 추가하여 객관식, 단답형, 장문형 등의 퀴즈 등록
ⓒ 질문 : 간단한 단답형과 객관식 문제 등록
ⓓ 자료 : 학생들에게 필요한 자료나 수업에 필요한 자료 등록
ⓔ 게시물 재사용 : 게시물 재사용하여 등록
ⓕ 주제 : 수업을 다양하게 분류

② 학생들에게 낼 과제를 등록할 수 있는 창이 나타납니다. '제목'과 '안내'를 화면처럼 작성합니다. 파일을 첨부하기 위해 [추가]–[파일]을 클릭합니다.

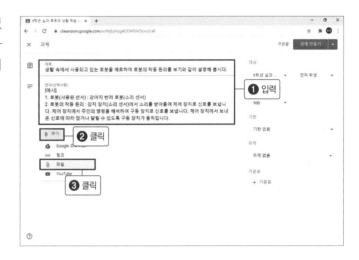

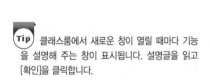
Tip 클래스룸에서 새로운 창이 열릴 때마다 기능을 설명해 주는 창이 표시됩니다. 설명글을 읽고 [확인]을 클릭합니다.

③ 파일 삽입하기 창에서 [업로드] 탭–[BROWSE] 버튼을 클릭합니다. [열기] 대화상자의 '온라인 수업\예제파일'에서 '과제예시.hwp' 파일을 선택하여 불러옵니다. [열기] 버튼을 클릭합니다.

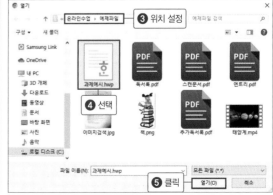

④ 오른쪽 창에는 대상, 점수, 기한, 주제, 기준표를 설정할 수 있습니다. 기한을 설정하여 과제 제출 여부만 설정하기 위해 기한의 '기한 없음'의 [▼]−[기한 없음]을 클릭하여 달력에서 기한 날짜를 선택하고, 아래쪽의 시간은 입력하여 설정합니다.

⑤ 과제를 주제로 분류하기 위해 주제의 '주제 없음'의 [▼]−[주제 만들기]를 클릭합니다.

⑥ 주제를 '로봇단원'이라고 입력합니다. [과제 만들기] 버튼의 [▼]를 클릭하여 [과제 만들기]를 클릭합니다.

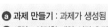 과제 만들기 : 과제가 생성됨
 예약 : 설정한 예약 시간에 맞게 과제가 생성됨
 임시 저장 : 과제를 임시 저장함
 임시 게시물 삭제 : 임시 저장한 게시물 삭제

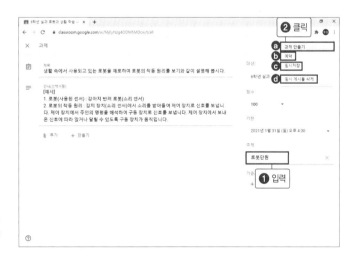

❼ '로봇단원' 주제 아래에 과제가 생성되었고, 제출 기한이 표시됩니다. 새로 게시된 과제를 클릭하면 업로드된 파일도 볼 수 있습니다.

3. 퀴즈 과제 만들기

❶ 퀴즈 과제를 등록하기 위해 [만들기] 버튼-[퀴즈 과제]를 클릭합니다.

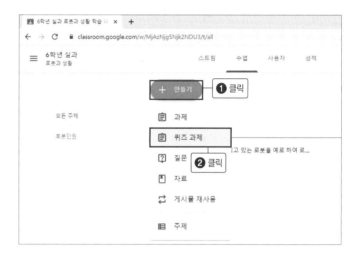

❷ 퀴즈 과제를 등록할 수 있는 창이 나타나면 제목을 입력하고, 아래쪽의 Google 설문지를 클릭합니다.

❸ [Blank Quiz Google 설문지] 탭이 생성됩니다. 'Blank Quiz'를 클릭하여 퀴즈 제목을 입력하고, 퀴즈의 문제를 입력합니다. 퀴즈 형식은 '객관식 질문'으로 설정합니다.

Tip 퀴즈 형식

퀴즈 형식은 '객관식 질문'의 [▼]를 클릭하여 단답형, 장문형, 객관식 질문, 체크박스, 드롭다운, 파일 업로드 등에서 선택하여 퀴즈 형식을 지정할 수 있습니다.

❹ 'Option1'을 클릭하여 객관식 첫 번째 문항을 입력한 후 '옵션 추가'를 클릭하여 '두 번째~네 번째'까지 문항을 입력합니다. 정답을 지정하기 위해 아래쪽의 '답안'을 클릭합니다.

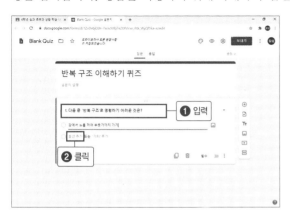

⑤ 객관식 네 문항 중에서 정답을 선택한 후 해당 문제에 대한 점수를 '10'으로 설정합니다. 학생들이 문제를 풀고 해설을 볼 수 있도록 '답변 관련 의견 추가'를 클릭합니다.

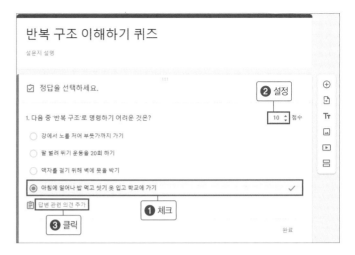

⑥ 의견 추가 창에서 [잘못된 답변] 탭에 잘못된 답변에 대한 의견을 입력합니다. [정답] 탭을 클릭하여 정답에 대한 의견도 입력하고 [저장] 버튼을 클릭합니다.

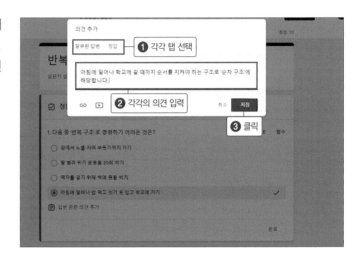

⑦ 설문을 저장하기 위해 [완료] 버튼을 클릭합니다.

⑧ 필수 문항으로 설정하기 위해 '필수'를 클릭하여 활성화합니다.

⑨ 퀴즈 과제를 등록 중이던 탭으로 다시 이동합니다. 설문 작성도 완료하였으므로 퀴즈 과제를 등록하기 위해 [과제 만들기] 버튼의 [▼]를 클릭하여 [예약]을 클릭합니다.

Tip 예약 시간을 설정하여 과제를 등록할 수 있습니다. 과제를 바로 오픈하지 않고 원하는 시간에 과제를 오픈할 수 있습니다.

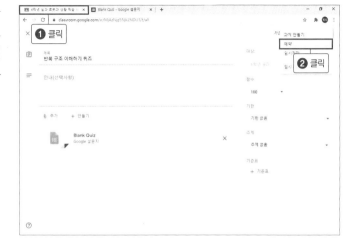

⑩ 과제 일정 예약 창에 예약 날짜와 시간을 설정한 후 [예약]을 클릭합니다. 과제 등록 일정이 예약되었다는 메시지가 나타납니다. 현재는 퀴즈 과제가 비활성화되어 있지만, 설정한 예약 시간이 지나면 활성화되고, 수업에 참여한 학생에게 퀴즈 과제가 보이게 됩니다.

4. 구글 문서 도구를 활용한 과제 등록하기

❶ 구글 문서 도구를 활용하여 과제를 등록하기 위해 [만들기] 버튼-[과제]를 클릭합니다.

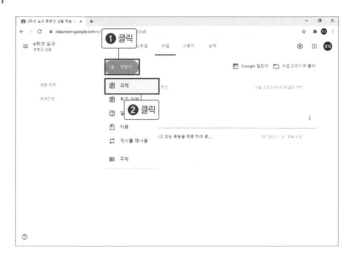

❷ 과제를 등록할 수 있는 창이 나타나면 제목을 작성합니다. [만들기]-[문서]를 클릭합니다.

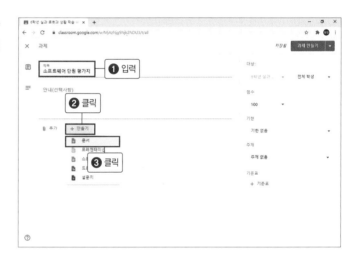

❸ 구글 문서 도구가 실행됩니다. '제목 없는 문서'를 클릭하여 문서의 제목을 입력합니다.

④ 편집 창을 클릭하여 화면처럼 문서를 작성하면 자동으로 문서가 저장됩니다. 구글 문서 도구는 다른 워드프로세서 프로그램과 사용 방법이 비슷하여 쉽게 작성할 수 있습니다. 구글 문서의 [×]를 클릭하여 닫습니다.

표 만들기

메뉴에서 [삽입]-[표]를 클릭하여 원하는 셀만큼 행과 열을 지정합니다. 셀 서식 배경을 지정하려면 셀 서식을 지정할 셀을 블록 지정한 후 서식 도구 모음 중 [배경 색상(🔲)]을 클릭하여 색상을 지정합니다.

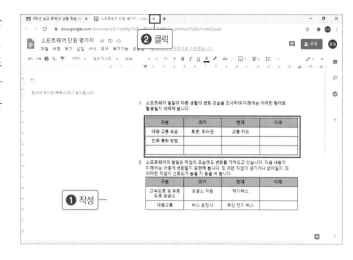

⑤ 과제에 구글 문서가 첨부되었습니다. 학생들은 구글 문서를 클릭하여 양식을 확인하고 구글 문서로 과제를 첨부하여 제출할 수 있습니다. 미리 평가지에 대한 기준표를 등록하기 위해 오른쪽 창에서 [+기준표]-[기준표 만들기]를 클릭합니다.

⑥ 기준 제목과 기준 설명을 입력합니다. 등급을 상, 중, 하로 나누기 위해 등급의 [⊕]를 두 번 클릭합니다.

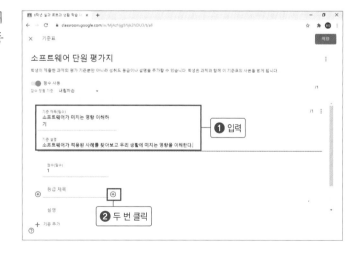

⑦ 왼쪽부터 점수를 100, 80, 60이라고 입력하고, 등급 제목을 상, 중, 하로 입력합니다. 등급에 맞게 설명도 각각 입력합니다. 기준표 작성을 완료하려면 [저장] 버튼을 클릭합니다.

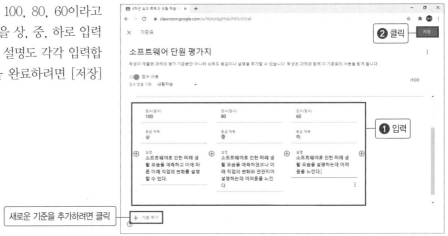

⑧ 기준표가 추가되었습니다. 구글 문서를 활용한 과제를 등록하기 위해 [과제 만들기] 버튼의 [▼]를 클릭하여 [과제 만들기]를 클릭합니다.

⑨ 새로운 과제가 생성되었습니다.

1. 학생이 수업에 참여하기

① 개설한 수업의 수업 코드를 크게 보려
면 [■]를 클릭하여 확인하고 학생들에
게 알려줍니다.

② 학생 PC에서 크롬(🌐) 웹 브라우저
를 실행한 후 구글 계정으로 로그인합니
다. [Google 앱(▦)]을 클릭하고 [클래스룸
(■)]을 클릭합니다. 오른쪽 상단의 [+]
를 클릭한 후 수업에 참여하기 위해 [수업
참여하기]를 클릭합니다.

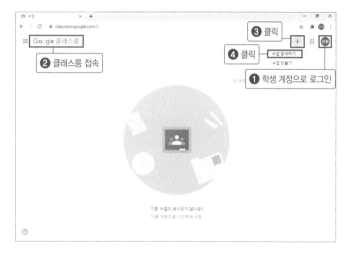

③ 선생님께서 알려주신 수업 코드를 수
업 코드 입력란에 입력하고 [참여하기] 버
튼을 클릭합니다.

> **Tip** 처음 수업에 참여할 때 한 번만 코드를 입력
> 하면 다음부터는 코드를 입력할 필요없이 수업에
> 참여할 수 있습니다.

2. 객관식 퀴즈 제출하기

❶ 참여한 수업이 열립니다.

❷ [수업] 탭을 클릭합니다. 과제 목록 중 퀴즈 과제를 클릭한 후 [과제 보기]를 클릭합니다.

❸ [반복 구조 이해하기 퀴즈] Google 설문지를 클릭하면 새 탭에 퀴즈 과제가 열립니다. 정답에 체크한 후 [제출] 버튼을 클릭합니다.

❹ 퀴즈의 정답을 확인하기 위해 [점수 보기] 버튼을 클릭합니다.

❺ 총점을 확인하고, 아래쪽의 정답에 대한 의견도 확인합니다. 학생이 오답을 선택한 경우에는 의견에서 오답에 대한 해설을 볼 수 있습니다. 퀴즈 관련 페이지는 모두 닫아줍니다.

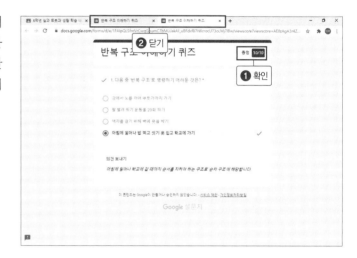

3. 구글 문서로 바로 작성하여 제출하기

❶ [수업] 탭에서 '소프트웨어 단원 평가지' 과제를 클릭하고, [과제 보기]를 클릭합니다.

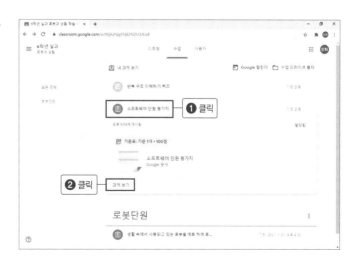

❷ 먼저 평가 기준을 확인하기 위해 [기준 펼치기(∧)]를 클릭하여 확인합니다. 과제를 제출하면서 여기에서 점수와 등급을 확인할 수 있습니다. 내 과제에서 [+추가 또는 생성] 버튼-[문서]를 클릭합니다.

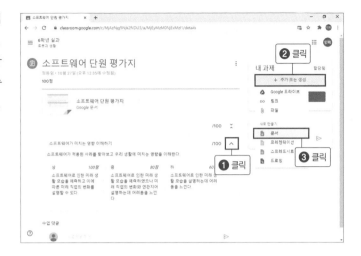

❸ 내 과제에 구글 문서가 생성되었습니다. 선생님께서 제공해 주신 평가지 구글 문서와 내 과제에 새로 생성된 구글 문서를 각각 클릭하여 실행합니다.

❹ 선생님께서 제공해 주신 평가지 구글 문서와 동일한 양식으로 작성하기 위해 평가지 구글 문서 탭에서 Ctrl + A 키를 눌러 전부 선택한 후 Ctrl + C 키로 복사합니다.

⑤ 내 과제 구글 문서 탭을 클릭한 후
Ctrl + V키를 눌러 붙여넣기 합니다. 답안
을 작성합니다.

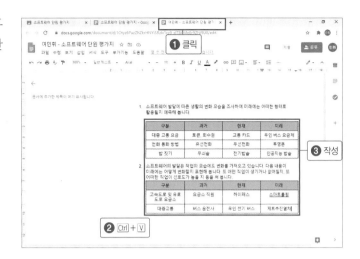

⑥ 다시 과제 보기 탭을 클릭하여 구글
문서에서 작성한 답안을 제출하기 위해
[제출] 버튼을 클릭합니다. 파일을 첨부
해 과제를 제출하겠냐는 창이 나타나면
[제출]을 클릭합니다.

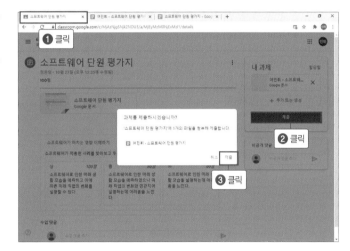

⑦ 내 과제가 '제출함'으로 표시됩니다.
제출을 취소하려면 [제출 취소]를 클릭하
여 취소한 후 구글 문서를 다시 작성하여
제출합니다. 다른 과제도 제출하기 위해
[6학년 실과 로봇과 생활]을 클릭하여 홈
화면으로 이동합니다.

4. 파일 첨부하여 제출하기

❶ [수업] 탭에서 로봇 단원 과제를 클릭
하고, [과제 보기]를 클릭합니다.

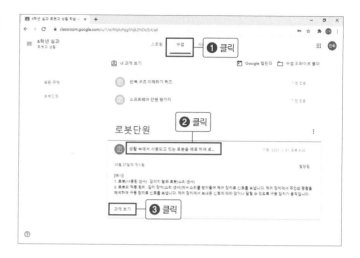

❷ '과제 예시'를 클릭하여 읽어봅니다. 수업에 대한 댓글을 작성하고 [▷]를 클릭하면 수업에 참여한 사람
들이 볼 수 있습니다.

❸ 과제 예시를 보고, 학생 PC에서 작성
한 파일을 업로드하기 위해 [+추가 또는
생성] 버튼-[파일]을 클릭합니다.

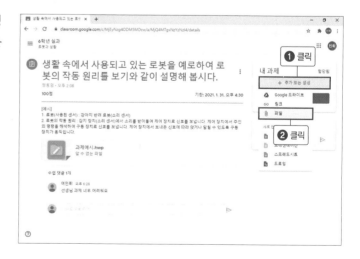

④ 파일 삽입하기 창에서 [업로드] 탭-[BROWSE] 버튼을 클릭합니다. [열기] 대화상자에서 '온라인 수업\예제파일\제출과제.hwp'를 선택하여 [열기] 버튼을 클릭합니다.

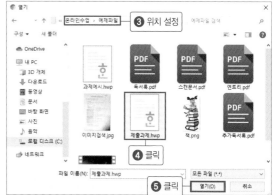

⑤ 내 과제에 '제출과제.hwp' 파일이 업로드 되었습니다. 과제를 제출하기 위해 [제출] 버튼을 클릭합니다.

⑥ 과제를 제출하겠냐는 창에서 [제출]을 클릭하여 과제를 제출합니다.

5. 선생님께서 수업 관리하기

① 학생들이 과제를 제출한 후에 선생님 계정에서 학생의 과제를 평가해 볼 수 있습니다. 선생님의 해당 수업 클래스룸에서 과제명을 클릭합니다.

② 학생들의 과제 진행 상황을 살펴볼 수 있습니다. 왼쪽에서는 과제에 참여한 전체 학생 목록을 볼 수 있고, 오른쪽에서는 해당 과목에 과제를 제출한 수와 과제가 할당된 수가 표시됩니다. 채점을 완료하면 채점 완료 수도 표시됩니다.

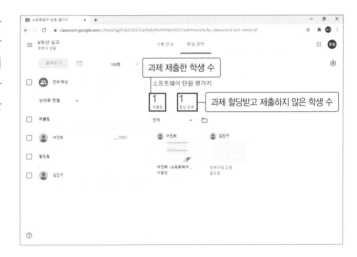

③ 과제를 제출한 학생을 선택하여 제출한 평가지를 확인한 후 채점을 하기 위해 오른쪽의 기준표에서 '중' 등급을 선택합니다. 중급에 해당하는 '80'점으로 채점됩니다. 해당 학생에게 과제에 대한 피드백을 전달하기 위해 아래쪽의 비공개 댓글을 작성하고 [▷]를 클릭하면 해당 학생만 댓글을 보게 됩니다.

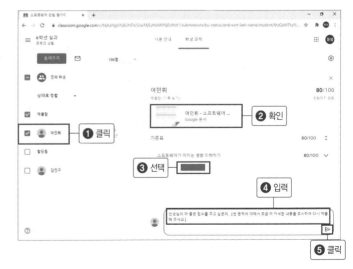

④ 제출한 과제를 돌려주고 다시 기회를 주고 싶은 학생이 있는 경우에는 왼쪽 목록에서 해당 학생을 선택하고, [돌려주기] 버튼을 클릭합니다.

⑤ 과제를 반환하겠냐는 창에 [돌려주기]를 클릭합니다. 과제가 반환되면 해당 학생은 알림을 받게 되고, 확인 후에 다시 과제를 제출할 수 있습니다.

⑥ 제출한 과제가 반환되었다고 메시지가 나타납니다. 동일한 방법으로 제출한 다른 과제를 평가하고 학생에게 댓글로 소통하면서 관리할 수 있습니다.

구글 문서의 템플릿을 자료로 활용할 수 있나요?

클래스룸에서 구글 문서 템플릿을 자료로 제공해 주면 수업에 참여하는 학생들은 언제 어디서나 자료를 다운로드하여 활용할 수 있습니다.

❶ [수업] 탭을 클릭합니다. [만들기] 버튼–[자료]를 클릭합니다. 자료를 등록할 수 있는 창에서 제목과 설명을 화면처럼 입력한 후 [만들기]–[문서]를 클릭합니다.

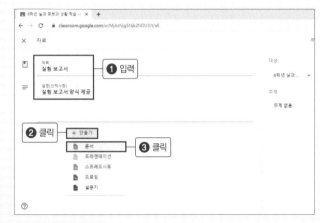

❷ 구글 문서가 실행되면 [파일]–[새 문서]–[템플릿 사용]을 클릭합니다.

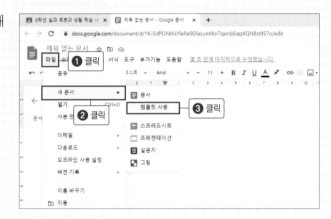

❸ 원하는 템플릿을 선택합니다.

❹ 템플릿을 Ctrl+A키를 눌러서 전체 선택한 후 Ctrl+C키를 눌러 복사합니다.

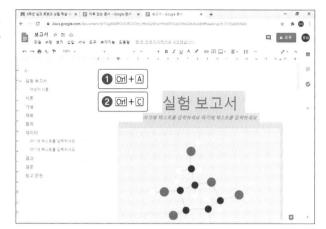

❺ 구글 문서 새 문서 편집 창에서 Ctrl+V키를 눌러 템플릿을 붙여넣기 합니다. 새 문서 제목은 '실험 보고서'라고 입력합니다.

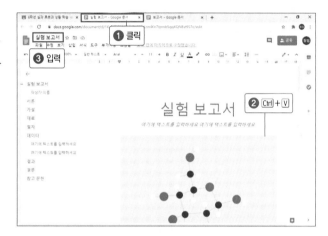

❻ 자료 등록 탭에서 [게시물] 버튼을 클릭하여 등록합니다. 수업에 참여한 학생은 자료를 다운로드할 수 있습니다.

Chapter 09

구글 문서 도구 3인방 제대로 알기
업무와 수업 모두에 활용 가능!

구글 문서 도구 3인방인 구글 문서, 구글 스프레드시트, 구글 프레젠테이션을 사용하면 PC에 워드, 엑셀, 파워포인트가 없어도 해당 프로그램의 파일 형식을 불러와서 사용할 수 있고, 구글 문서의 템플릿을 사용하여 새로운 문서를 만들고 PC로 다운로드할 수도 있습니다.

■ **예제파일** : 성적표예제.xlsx
■ **완성파일** : 회의록.gdoc, 성적표예제.gsheet, 현장 학습.gslides

▲ 구글 문서

▲ 구글 스프레드시트

▲ 구글 프레젠테이션

1. 구글 문서의 특징

구글 문서는 무료로 문서를 만들고 수정할 수 있으며 다음과 같은 특징을 가지고 있습니다.

- 구글 문서에서 제공하는 템플릿을 사용하여 문서 작업을 쉽게 할 수 있습니다.
- 언제 어디서든 공동 작업자와 협업이 가능합니다.
- 문서가 만들어진 시점부터 자동 저장되어 문서 손실 염려가 없습니다.
- 업데이트 기록 보기를 통해 특정 시점으로 문서를 되돌릴 수 있습니다.

2. 구글 문서의 화면 구성 살펴보기

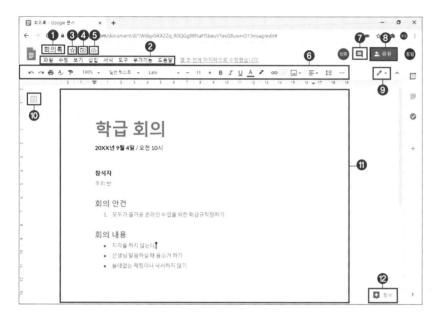

❶ **파일 제목** : 현재 작업 중인 문서의 제목을 입력합니다.
❷ **메뉴** : 구글 문서의 모든 명령들을 종류별로 분류하여 표시합니다.
❸ **별표** : 중요 문서함에 넣을 수 있습니다.
❹ **이동** : 구글 드라이브 내에서 원하는 곳으로 문서를 저장할 수 있습니다(문서가 실시간으로 자동 저장되기 때문에 원하는 곳으로 지정하여 문서를 저장합니다).
❺ **문서 상태 확인** : 구글 드라이브에 모든 변경사항을 저장해 줍니다.
❻ **도구 상자** : 작업을 완료하는 데 필요한 명령을 빨리 찾기 위해 구성된 상자입니다.
❼ **댓글 기록 열기** : 공동 작업자가 남긴 댓글과 알림을 표시합니다.
❽ **공유** : 현재 문서를 다른 사람과 공유할 수 있습니다.
❾ **수정 모드** : 수정 / 제안 / 보기 모드로 변경할 수 있습니다.
❿ **문서 개요 표시** : 문서에 추가한 제목이 표시됩니다.
⓫ **편집 창** : 직접 텍스트를 입력하고, 문서를 편집하는 창입니다.
⓬ **탐색** : 문서나 웹에서 문서에 관련된 정보나 이미지를 검색할 수 있습니다.

3. 구글 문서의 주요 기능 익히기

① 크롬() 웹 브라우저를 실행한 후 [Google 앱(⊞)]을 클릭하고, [문서(📄)]를 클릭합니다.

② 빈 문서를 열려면 [내용 없음]을 클릭하는데, 템플릿을 사용하려면 [템플릿 갤러리]를 클릭합니다.

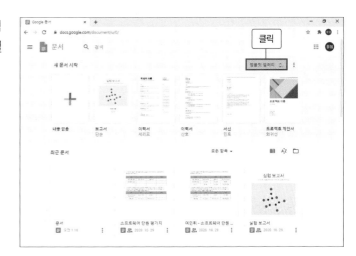

③ 템플릿 중 만들려는 문서의 양식을 선택하는데, 여기서는 '회의록(산호)' 템플릿을 선택합니다.

④ 편집 창에서 수정할 곳을 블록 지정하여 사용자에 맞게 텍스트를 수정합니다. 실시간으로 자동 저장됩니다.

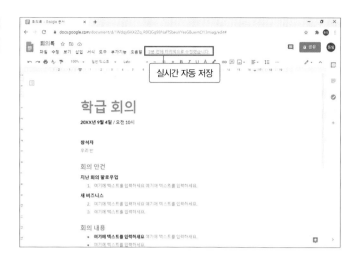

⑤ 음성 입력하여 자동으로 텍스트를 입력하기 위해 메뉴에서 [도구]–[음성 입력]을 클릭합니다.

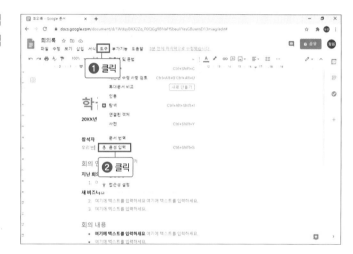

⑥ 음성 입력할 곳을 커서로 위치를 지정하거나 블록 지정한 후 마이크 모양(🎤)을 클릭하고, 마이크 권한 사용 창에서 [허용] 버튼을 클릭합니다. 입력하기 위해 말을 하면 그대로 편집 창에 입력됩니다.

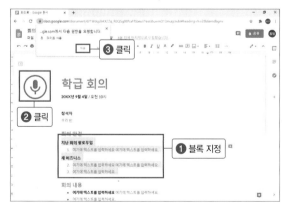

4. 구글 문서 공유하고 협업하기

① 구글 문서를 공유하기 위해 오른쪽 상단의 [공유] 버튼을 클릭합니다. 사용자 및 그룹과 공유 창에서 공동 작업자 이메일을 입력하고, 권한은 '편집자'로 지정한 후 메시지를 입력합니다. [보내기] 버튼을 클릭하여 전송합니다.

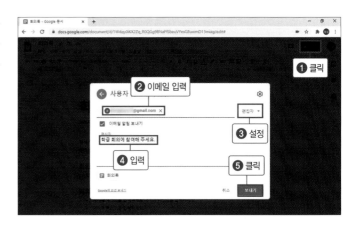

② 구글 공유 메시지를 보내면 공동 작업자 스마트폰으로 알림 창이 나타납니다. 알림 창에서 알림 내용을 터치하면 '회의록'이 표시됩니다. Google 문서로 열기 위해 [Google 문서에서 열기] 버튼을 터치합니다.

> **Tip** 구글 문서는 구글 계정을 가지고 있는 사용자라면 PC, 스마트폰, 태블릿에서 공동 작업을 할 수 있습니다. 안드로이드폰의 경우 구글 계정으로 로그인되어 있어서 자동으로 공유 메시지를 보내면 알림 창에서 알려줍니다.

③ Google 문서를 처음 사용하는 경우에는 Google 문서를 설치해야 합니다. [설치] 버튼을 터치하여 설치를 진행한 후 설치가 완료되면 [열기] 버튼을 터치하여 Google 문서를 실행합니다. 계정 선택 창에서 공유 메시지를 받은 이메일을 선택하고, [확인]을 터치합니다.

❹ 스마트폰의 구글 문서 앱에서 입력하면 PC의 구글 문서에서 자동으로 입력됩니다. 색깔이 다른 커서 모양에 마우스를 가져가면 공동 작업자의 이름을 확인할 수 있습니다.

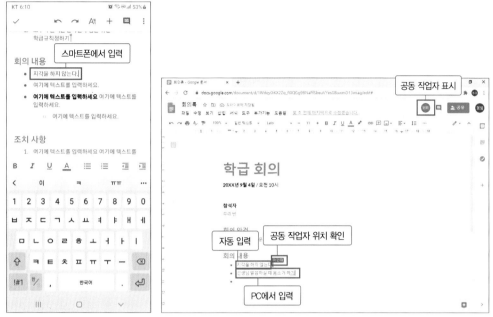

▲ 공동 작업자 화면   ▲ 소유자 PC 화면

❺ PC에서 구글 문서를 입력하면 스마트폰에서도 입력이 진행되고, 공동 작업자의 위치를 확인할 수 있습니다.

▲ 소유자 PC 화면   ▲ 공동 작업자 화면

5. 이미지 삽입하기

① 웹에서 이미지를 검색하여 바로 삽입하기 위해 오른쪽 하단의 탐색(⬛)을 클릭합니다.

② 오른쪽에 탐색 창이 열리면 검색어를 '학급'이라 입력하고 [Enter↵]키를 누릅니다. [이미지] 탭을 클릭하여 검색된 이미지 중 하나를 선택합니다.

③ 이미지의 크기 조절점을 드래그하여 알맞은 크기로 위치시킵니다.

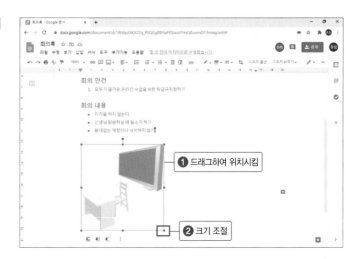

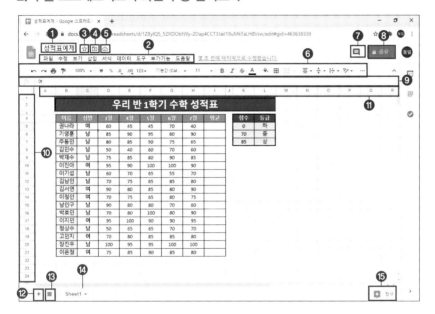

Section 02 : 구글 스프레드시트의 특징과 주요 기능 알아보기

1. 구글 스프레드시트의 특징

일반적인 스프레드시트 작업을 간단하게 작업하여 다음과 같이 시간 절약을 할 수 있습니다.

- 엑셀과 기능 등이 비슷하며 다른 사람들과 공동 작업이 가능하여 협업할 수 있습니다.
- 별도의 저장 과정이 없이 실시간으로 저장되어 손실 위험이 없습니다.
- 다수의 파일이 열려 있어도, 모두 동일하게 업데이트됩니다.

2. 구글 스프레드시트의 화면 구성 살펴보기

❶ **파일 제목** : 현재 작업 중인 문서의 제목을 입력합니다.

❷ **메뉴** : 구글 스프레드시트의 모든 명령들을 종류별로 분류하여 표시합니다.

❸ **별표** : 중요 문서함에 넣을 수 있습니다.

❹ **이동** : 구글 드라이브 내에서 원하는 곳에 문서를 저장할 수 있습니다(문서가 실시간으로 자동 저장되기 때문에 원하는 곳으로 지정하여 문서를 저장합니다).

❺ **문서 상태 확인** : 구글 드라이브에 모든 변경사항을 저장해 줍니다.

❻ **도구 상자** : 작업을 완료하는 데 필요한 명령을 빨리 찾기 위해 구성된 상자입니다.

❼ **댓글 기록 열기** : 공동 작업자가 남긴 댓글과 알림을 표시합니다.

❽ **공유** : 현재 문서를 다른 사람과 공유할 수 있습니다.

❾ **수식 바** : 현재 셀에 입력된 내용이 표시되며 직접 데이터를 입력하거나 수식을 입력할 수 있습니다.

❿ **행 머리글** : 1~1,000행으로 구성되어 있으며 행을 추가할 수 있습니다.

⓫ **열 머리글** : A~Z열까지 26개의 열로 구성되어 있습니다.

⓬ **시트 추가** : 새로운 시트를 추가합니다.

⓭ **모든 시트** : 모든 시트를 볼 수 있습니다.

⓮ **시트** : 실제 작업을 하게 되는 곳으로 시트 안의 작은 칸들을 '셀'이라고 부릅니다.

⓯ **탐색** : 서식과 차트 등 추천사항을 활용할 수 있습니다.

3. 구글 스프레드시트의 주요 메뉴 알아보기

- **[파일] 메뉴**
  - **새 문서** : 문서나 템플릿을 사용하여 새 문서를 만들 수 있고, 스프레드시트, 프레젠테이션, 설문지, 그림을 선택하여 해당 프로그램을 열 수 있습니다.
  - **다운로드** : 해당 파일을 저장할 파일 형식을 선택하여 사용자 PC로 저장할 수 있습니다.
  - **버전 기록** : 버전 기록을 추적할 수 있도록 현재 버전 이름을 지정할 수 있고, 현재 문서의 추가, 수정, 삭제된 기록을 확인할 수 있습니다.
  - **웹에 게시** : 문서, 스프레드시트, 프레젠테이션, 설문지를 웹에 게시하고 다른 여러 사람과 공유할 수 있습니다 .
- **[수정] 메뉴** : 실행 취소, 재실행 등의 메뉴를 실행할 수 있습니다.
- **[보기] 메뉴** : 눈금자 보기, 전체 화면 메뉴를 실행할 수 있고, 프로그램에 따라 스프레드시트에서는 행/열 고정하기 메뉴, 프레젠테이션에서는 프레젠테이션 보기, 모션(전환 기능) 등을 제공합니다.
- **[삽입] 메뉴** : 이미지, 표, 차트를 삽입할 수 있는 메뉴를 실행할 수 있습니다. 프로그램에 따라 스프레드시트에서는 함수, 프레젠테이션에서는 오디오, 동영상 등을 삽입하는 기능을 제공합니다.
- **[서식] 메뉴** : 서식을 꾸밀 수 있는 메뉴를 실행할 수 있습니다. 프로그램에 따라 스프레드시트에서는 숫자 관련 서식, 조건부 서식, 프레젠테이션에서는 글머리 기호 및 번호 매기기, 표와 관련 서식 기능을 제공합니다.

Tip 주요 메뉴

주요 메뉴는 구글 스프레드시트와 파워포인트에서 동일하게 제공합니다.

▲ 구글 스프레드시트

▲ 구글 프레젠테이션

4. [파일] 메뉴에서 엑셀 파일 불러오기

❶ 크롬() 웹 브라우저를 실행한 후 [Google 앱(▦)]을 클릭하고, [스프레드시트(📄)]를 클릭합니다.

> **Tip** 구글 드라이브에서 [새로 만들기]-Google 스프레드시트의 [﹥]-[빈 스프레드시트]를 클릭해도 구글 스프레드시트를 실행할 수 있습니다.

❷ [내용 없음]을 클릭합니다.

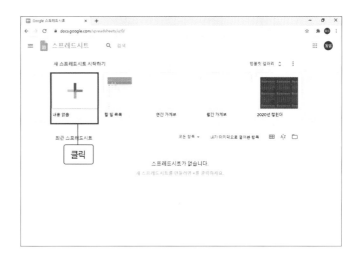

❸ 엑셀과 비슷한 프로그램인 스프레드시트가 실행되었습니다. 엑셀 파일을 불러오기 위해 [파일] 메뉴-[열기(Ctrl+O 키)]를 클릭합니다.

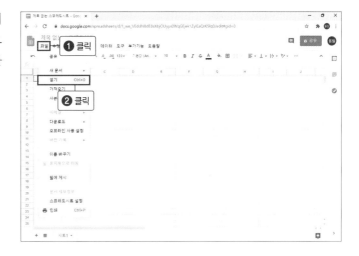

④ 파일 열기 창에서 [업로드] 탭−[기기의 파일 선택] 버튼을 클릭합니다. [열기] 대화상자에서 '온라인 수업\
예제파일\성적표예제.xlsx'를 선택하고 [열기] 버튼을 클릭합니다.

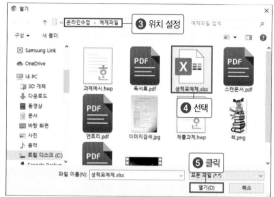

5. [수정] 메뉴에서 선택하여 붙여넣기 사용하기

❶ 엑셀과 호환되기 때문에 엑셀 파일을
구글 스프레드시트에서 편집할 수 있습니
다. [G5] 셀을 선택하고 Ctrl + C 키를
눌러 복사합니다. 붙여넣기 위해 [K6] 셀
을 선택합니다.

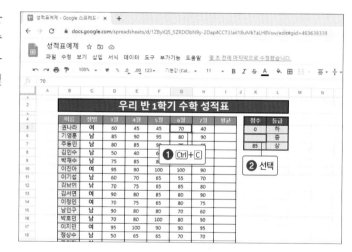

❷ [수정] 메뉴−[선택하여 붙여넣기]−[값
만 붙여넣기(Ctrl+Shift+V 키)]를 클릭
합니다.

Tip) 스프레드시트에는 [선택하여 붙여넣기]의 다
양한 기능을 사용하여 원본 서식까지 복사하여 붙
여넣기 할지, 값만 복사하여 붙여넣기 할지, 수식만
복사하여 붙여넣기 할지를 선택하여 붙여넣기 기능
을 실행할 수 있습니다.

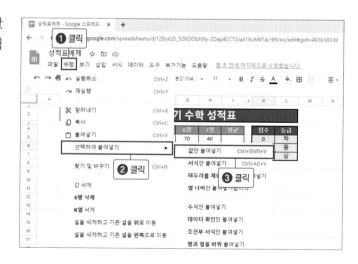

③ 값만 붙여넣기하였기 때문에 값만 복사되어 붙여넣기 되었습니다. [C5] 셀을 선택하고 Ctrl + C키를 눌러 복사합니다.

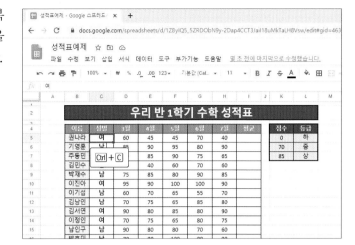

> **Tip** 선택하여 붙여넣기 기능을 사용하지 않았다면 원본 서식이 그대로 복사되어서 배경없는 상태로 붙여넣기되었을 것입니다.

④ [B5:B21] 셀을 선택한 후 [수정] 메뉴-[선택하여 붙여넣기]-[서식만 붙여넣기(Ctrl + Alt + V키)]를 클릭합니다.

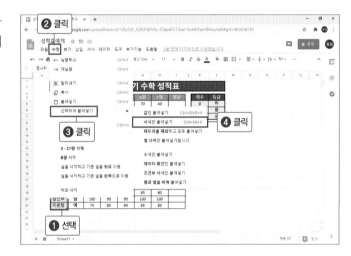

⑤ [C5] 셀의 서식이 [굵게]가 설정되어 있어서 [B5:B21] 셀의 서식이 굵게 변경되었습니다.

6. [보기] 메뉴에서 행/열 고정하기

❶ 스크롤 막대를 드래그하여 내리면 머리글 행이 보이지 않습니다.

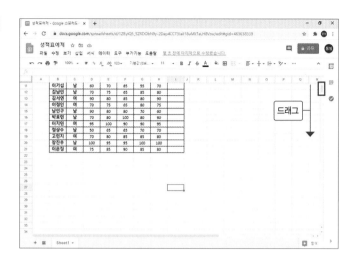

❷ 스크롤 막대와 상관없이 머리글 행을 고정하여 보이게 하기 위해 머리글 행을 선택한 후 [보기] 메뉴-[고정]-[현재 행까지]를 클릭합니다.

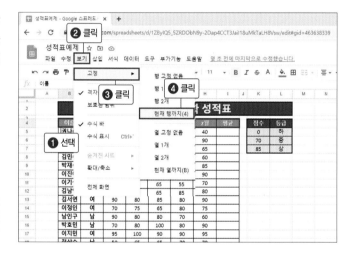

Tip 열을 선택하고, [보기] 메뉴-[고정]-[현재 열까지]를 클릭하면 선택한 열을 고정할 수 있습니다.

❸ 머리글 행까지 고정되어서 스크롤 막대를 드래그하여 내려도 표의 머리글을 볼 수 있습니다.

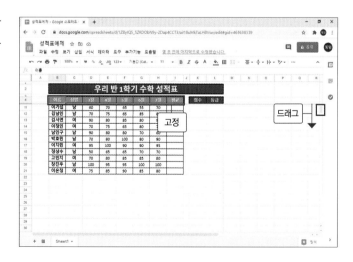

7. [삽입] 메뉴에서 행/열 삽입과 함수 삽입하기

⬤ [I5] 셀을 선택하고 [삽입] 메뉴-[왼쪽에 열 삽입]을 클릭하면 [I5] 셀 왼쪽으로 열이 삽입됩니다.

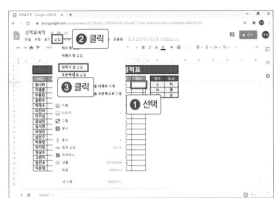

❷ [I5] 셀에 함수를 삽입하기 위해 [삽입] 메뉴-[함수]를 클릭하면 원하는 함수를 선택할 수 있습니다. 여기서는 평균을 구하기 위해 [AVERAGE]를 실행합니다.

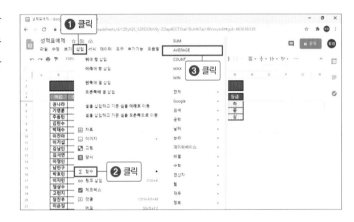

❸ 1학기 성적의 평균을 구하기 위해 [D5:H5]까지 드래그한 후 Enter↵ 키를 누르면 평균값이 구해집니다. [I4] 셀과 [J4] 셀의 머리글도 각각 '평균', '평가'로 입력합니다. 함수 사용 방법은 엑셀과 동일하므로 나머지 평균과 평가도 구해봅니다.

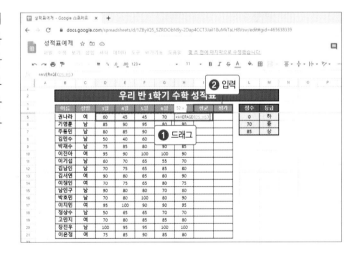

❹ 구글 스프레드시트도 구글 문서와 마찬가지로 오른쪽 상단의 [공유] 버튼을 클릭하여 사용자 및 그룹과 공유 창에서 공동 작업자에게 이메일을 보내거나 링크를 보내서 공동 작업할 수 있습니다.

일부분은 공동 작업자가 수정할 수 없게 보호 조치하고, 공유 링크는 줄여서 공유할 수 있나요?

셀의 일부분을 선택하여 보호 조치한 후에 공유하면 공동 작업자도 수정할 수 없게 됩니다. 공유 링크가 너무 길어서 불편할 때는 링크를 짧게 고쳐주는 사이트에 접속하여 링크를 짧게 수정한 후 해당 링크를 복사하여 공유합니다.

❶ 보호 조치를 하고 싶은 셀을 드래그하여 선택한 후 마우스 오른쪽 버튼을 클릭하여 팝업 메뉴에서 [범위 보호]를 클릭합니다.

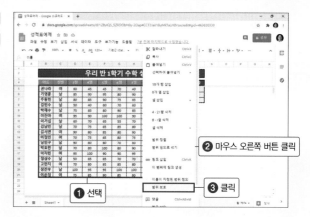

❷ 오른쪽의 보호된 시트 및 범위 창의 입력란에 메시지를 입력하고, [권한 설정] 버튼을 클릭합니다.

❸ 범위 수정 권한 창에서 '이 범위를 수정할 수 있는 사용자 제한'을 '나만'으로 설정하고 [완료] 버튼을 클릭합니다. 공유하게 되면 해당 범위는 공동 작업자도 수정할 수 없습니다. 오른쪽 상단의 [공유] 버튼을 클릭합니다.

❹ 사용자 및 그룹과 공유 창이 나타나면 아래쪽의 링크 보기에서 '링크가 있는 모든 사용자로 변경'을 클릭하여 '링크가 있는 모든 사용자에게 공개'로 설정하고, 권한은 '편집자'로 설정합니다. 링크를 복사하여 공유하기 위해 [링크 복사] 버튼을 클릭합니다.

❺ 새 탭에서 'http://gg.gg'에 접속한 후 'Put your long URL here…'에 Ctrl + C 키를 눌러 링크를 복사한 후 [Shorten URL] 버튼을 클릭합니다. 아래쪽에 짧은 URL을 Ctrl + V 키를 눌러 붙여하기 하여 공동 작업자 메일이나 메신저로 공유합니다.

❻ 공동 작업자의 스마트폰에서 짧은 URL로 접속하면 스프레드시트 앱을 통해 해당 문서에 접속하게 됩니다. 보호 조치된 셀을 클릭하면 '보기 전용'으로 나타나고, 그 외 셀을 선택하면 직접 텍스트나 수식을 삽입할 수 있습니다.

1. 구글 프레젠테이션의 특징

구글 프레젠테이션은 별도의 프로그램 설치 없이 웹에서 프레젠테이션 작업을 할 수 있습니다.

- 공유 기능을 통해 동시에 여러 공동 작업자와 프레젠테이션 문서를 만들 수 있습니다.
- 다양한 프레젠테이션의 테마, 글꼴, 동영상 삽입, 애니메이션 등을 이용할 수 있습니다.
- 모든 변경사항이 실시간으로 구글 드라이브에 저장됩니다.
- 웹에 게시 기능을 사용하여 링크를 통해 프레젠테이션을 볼 수 있습니다.

2. 구글 프레젠테이션 화면 구성 살펴보기

- ❶ **파일 제목** : 현재 작업 중인 문서의 제목을 입력합니다.
- ❷ **메뉴** : 구글 프레젠테이션의 모든 명령들을 종류별로 분류하여 표시합니다.
- ❸ **별표** : 중요 문서함에 넣을 수 있습니다.
- ❹ **이동** : 구글 드라이브 내에서 원하는 곳으로 저장할 수 있습니다.
- ❺ **문서 상태 확인** : 구글 드라이브에 모든 변경사항을 저장해 줍니다.
- ❻ **도구 상자** : 작업을 완료하는 데 필요한 명령을 빨리 찾기 위해 구성된 상자입니다.
- ❼ **댓글 기록 열기** : 공동 작업자가 남긴 댓글과 알림을 표시합니다.
- ❽ **프레젠테이션 보기** : 발표자 보기, 프레젠테이션 보기, 처음부터 프레젠테이션 보기 중에서 보기 방법을 선택할 수 있습니다.
- ❾ **공유** : 현재 문서를 다른 사람과 공유할 수 있습니다.
- ❿ **슬라이드 축소판 창** : 열려 있는 프레젠테이션의 각 슬라이드가 작은 그림으로 나타납니다.
- ⑪ **슬라이드 창** : 슬라이드를 작업하는 작업 영역입니다.
- ⑫ **테마 창** : 슬라이드에 미리 정의된 색, 글꼴 및 시각적 효과를 통일되게 적용할 수 있는 테마를 선택할 수 있습니다.
- ⑬ **여러 슬라이드 보기** : 슬라이드 축소판 창에서 여러 슬라이드를 작은 그림으로 볼 수 있습니다.
- ⑭ **바둑판 보기** : 여러 슬라이드를 바둑판식으로 볼 수 있습니다.
- ⑮ **발표자 노트** : 슬라이드에 관해 발표자가 미리 노트를 추가할 수 있습니다.
- ⑯ **탐색** : 자동 생성된 레이아웃을 선택할 수 있고, 문서와 관련된 정보나 이미지를 웹에서 검색할 수 있습니다.

3. 구글 프레젠테이션 공유하고 발표하기

① 크롬(🌐) 웹 브라우저를 실행한 후 [Google 앱(⠿)]을 클릭하고 [프레젠테이션(📄)]을 클릭한 후 [템플릿 갤러리]를 클릭합니다.

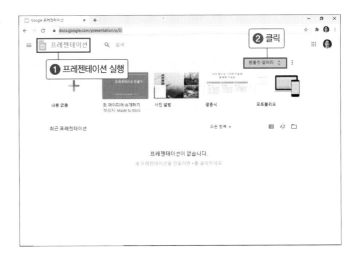

② 템플릿 갤러리에서 원하는 템플릿을 선택합니다. 교육 중 '현장 학습'을 선택하였습니다.

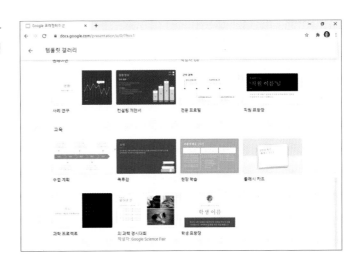

③ 템플릿이 적용된 새 프레젠테이션이 열리면 테마 창의 [✕]를 클릭하여 닫아줍니다. 슬라이드 축소판 창에서 각각의 슬라이드를 선택하여 알맞은 내용으로 텍스트를 수정합니다.

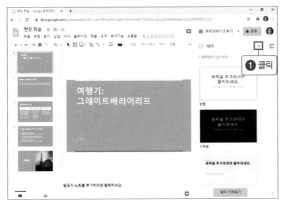

④ 오른쪽 상단의 [공유] 버튼을 클릭하여 사용자 및 그룹과 공유 창에서 공동 작업자에게 이메일을 보내거나 링크 복사하여 보냅니다. 이메일을 받은 공동 작업자가 작업에 참여하여 문서를 수정합니다.

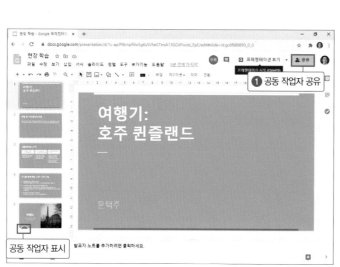

▲ 소유자 PC 화면

▲ 공동 작업자 화면

Tip 공유 메시지를 받은 공동 작업자가 협업에 참여하려면 공동 작업자 스마트폰에 구글 프레젠테이션을 설치한 후에 공동 작업에 참여할 수 있습니다. 구글 문서의 설치와 공동 작업 참여 과정이 동일합니다.

⑤ 공동 작업하면서 댓글로 의견을 나눌 수도 있습니다. 슬라이드 아래쪽 빈 곳을 터치한 후 [댓글 추가]를 터치합니다. 댓글 입력 창에 입력한 후 [▷]를 터치하여 전송하면 PC 화면에서 프레젠테이션 소유자에게 전송됩니다. 댓글로 답글을 작성하고 [답글] 버튼을 클릭합니다. 서로 댓글로 대화하면서 공동 작업할 수 있습니다.

▲ 공동 작업자 화면

▲ 소유자 PC 화면

구글 프레젠테이션으로 발표 중에 실시간으로 청중에게 질문을 받고 대답할 수 있나요?

프레젠테이션 보기 기능 중에 [Q&A(🖬)] 기능을 통해 질문을 받고 실시간으로 대답하면서 프레젠테이션을 진행할 수 있습니다.

❶ 공동 작업을 마쳤으면 프레젠테이션하기 위해 오른쪽 상단의 [프레젠테이션 보기]의 [▼]를 클릭하여 [처음부터 프레젠테이션 보기(Ctrl+Shift+F5키)]를 클릭합니다.

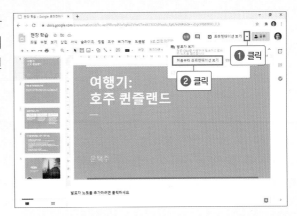

❷ 프레젠테이션 보기가 처음 슬라이드부터 시작됩니다. 청중에게 실시간으로 질문을 받으면서 진행하기 위해 아래쪽 도구 중 [Q&A(🖬)]를 클릭합니다.

❸ 발표자 보기 창에서 [청중 도구] 탭을 클릭하고 [새 세션 시작] 버튼을 클릭합니다.

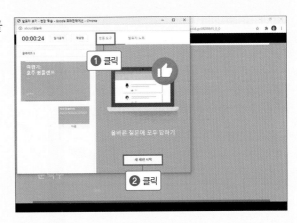

❹ 질문을 받을 수 있는 링크 주소가 생성됩니다. 링크 주소 위에서 마우스 오른쪽 버튼을 클릭하여 팝업 메뉴 중 [링크 주소 복사]를 클릭합니다. 참석한 청중 메일로 복사한 링크 주소를 보내주거나 슬라이드 상단에 질문받을 수 있는 링크 주소가 보이므로 청중에게 직접 접속하여 질문하라고 안내합니다.

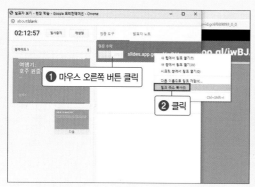

❺ 청중의 스마트폰에서 이메일로 전송된 링크 주소를 클릭하여 접속하거나 링크 주소를 직접 입력하여 접속합니다. 질문 내용을 입력한 후 오른쪽 상단의 [제출]을 터치합니다. 발표자의 PC 화면으로 질문이 전송되면 [표시] 버튼을 클릭합니다.

▲ 질문자 화면　　　　▲ 발표자 화면

❻ 질문 내용이 슬라이드에 표시되어서 참석자 모두에게 보이게 됩니다. 발표자는 청중 모두가 알 수 있게 질문에 대한 대답을 하고, 슬라이드를 클릭하여 발표 화면으로 되돌아가서 발표를 계속합니다.

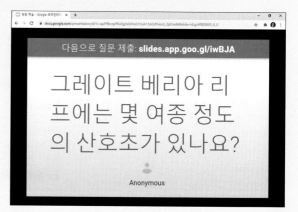

Chapter 10

수업에 활용하면 좋은 구글 서비스 BEST 3
수많은 구글 서비스 중 무엇을?

구글 캘린더를 활용하여 업무 일정이나 학사 일정을 직원이나 학생들과 공유할 수 있고, 원하는 특정 날짜에 화상회의를 진행할 수도 있습니다. 요즘 다양한 화상회의 채팅 앱이 많지만, 구글 미트를 사용하면 따로 설치할 필요없이 화상회의를 진행할 수 있습니다. 단순히 얼굴을 보면서 대화를 나누는 것에 그치지 않고, 자료를 공유하면서 프레젠테이션할 수 있습니다. 온라인 시대가 되면서 웹 메일을 많은 사람들이 사용하고 있는데, 구글에서 기본적으로 제공되는 Gmail을 사용하면 메일을 예약 전송할 수도 있고, 비밀모드로 전송하여 보안 기능을 높일 수 있어서 편리합니다.

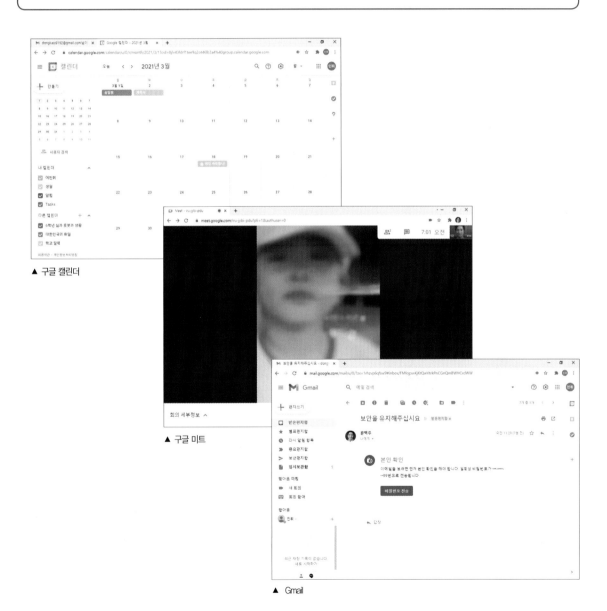

▲ 구글 캘린더

▲ 구글 미트

▲ Gmail

구글 캘린더는 구글에서 만든 일정 관리 프로그램입니다.

1. 구글 캘린더의 특징

- 언제 어디서나 스마트폰이나 태블릿으로 일정을 확인할 수 있습니다.
- 날짜, 시간은 물론, 장소의 지도 정보, 구글 드라이브 파일 첨부가 가능합니다.
- 여러 사람과 일정을 공유할 수 있습니다.
- 일정 등록 시 구글 미트와 화상회의를 통해 참석자를 추가할 수 있습니다.
- 등록된 일정 시간에 알람이 와서 바로 실행할 수 있습니다.

2. 구글 캘린더의 화면 구성 살펴보기

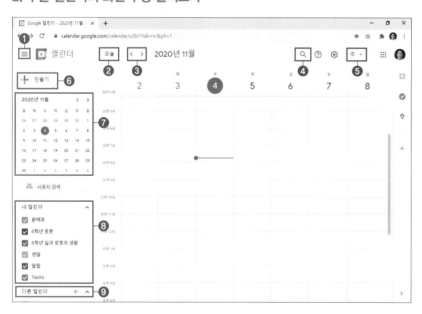

① **기본 메뉴** : 클릭하여 기본 메뉴를 보이게 하거나 숨길 수 있습니다.
② **오늘** : 현재 날짜로 이동합니다.
③ **전 주(◁)/다음 주(▷)** : 표시 형식의 캘린더에 따라 이전, 다음으로 이동할 수 있습니다.
④ **검색** : 구글 캘린더 내의 검색 기능입니다.
⑤ **캘린더 보기 형식** : 일, 주, 월, 연동, 일정 등으로 보기 형식을 변경할 수 있습니다.
⑥ **만들기** : 새 일정을 추가할 수 있는 기능입니다.
⑦ **미니 캘린더** : 월 단위로 작은 캘린더가 있습니다.
⑧ **내 캘린더** : 추가한 일정 목록을 볼 수 있습니다.
⑨ **다른 캘린더** : 다른 사용자의 캘린더를 추가하거나 삭제할 수 있습니다.

3. 특정 날짜에 일정 등록하고 공유하기

① 크롬() 웹 브라우저를 실행한 후 구글 계정으로 로그인한다. [Google 앱()]을 클릭한 후 구글 캘린더로 일정을 등록하고 일정 관리 방법을 알아보기 위해 [캘린더()]를 클릭합니다.

② 처음 캘린더에 접속 시 구글 캘린더 안내 창을 읽고, [확인] 버튼을 클릭합니다.

③ 구글 캘린더가 실행되면 캘린더 보기 형식을 '월'로 변경한 후 일정을 추가할 날짜를 클릭합니다. 제목 및 시간 추가를 클릭하여 일정 제목을 입력하고, [시간 추가] 버튼을 클릭하여 시간을 설정합니다.

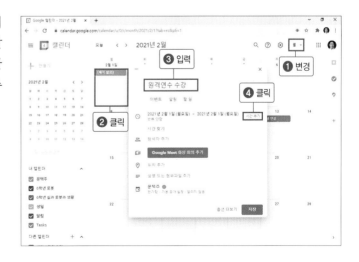

④ 시간을 따로 설정하지 않으려면 '종일'에 체크하고, '참석자 추가'를 클릭하여 해당 날짜에 일정을 공유할 사람의 이메일을 입력합니다. 참석자 권한을 클릭한 후 '다른 사용자 초대', '참석자 명단 보기'에 체크하여 권한을 설정합니다.

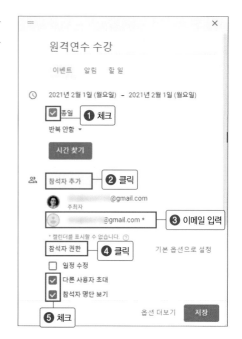

⑤ [Google Meet 화상회의 추가] 버튼을 클릭하여 [Google Meet 으로 참여하기] 버튼으로 변경하고, 설정 또는 첨부파일을 추가에서 '설명'을 클릭하여 '연수 설명'이라고 입력합니다. '첨부파일 추가'를 클릭하여 파일 선택 창에서 파일을 불러와서 삽입하고 [저장] 버튼을 클릭합니다.

⑥ 일정이 저장되었고, 참석자에게 초대 이메일을 보내겠냐는 창에서 [보내기]를 클릭합니다. 일정 공유를 참석자가 수락하면 일정이 공유됩니다.

Google 캘린더 참석자에게 초대 이메일을 보내시겠습니까?

클릭

?   수정 모드로 돌아가기   보내지 않음   보내기

4. 등록한 일정 삭제하기

① 등록된 일정을 클릭한 후 삭제하기 위해 [삭제(🗑)]를 클릭합니다.

② 참석자에게 취소 이메일을 보내겠냐는 창에 취소 내용을 입력하고, [보내기]를 클릭합니다.

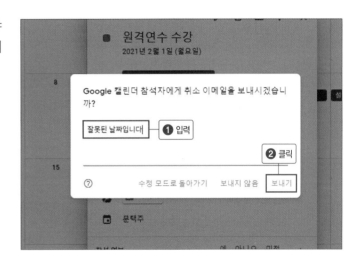

③ 등록된 일정이 삭제됩니다.

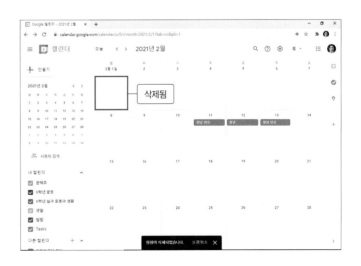

5. 새 캘린더 만들기

❶ 새로운 캘린더를 추가하여 특정 공유 집단과 일정을 공유할 수 있습니다. 학사 일정을 학생들과 공유할 때 사용하면 편리합니다. 왼쪽 아래 [다른 캘린더]의 [+]를 클릭하여 팝업 메뉴 중 [새 캘린더 만들기]를 실행합니다.

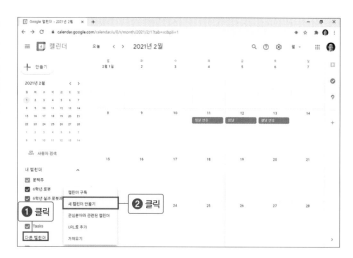

❷ 새 캘린더 만들기에 이름과 설명을 각각 '학교 달력', '학생에게 공유'라고 입력하고, [캘린더 만들기] 버튼을 클릭합니다.

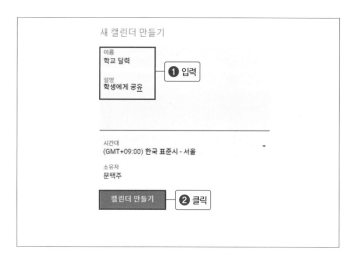

❸ 새로 만든 캘린더인 '학교 달력'에 일정을 추가하기 위해 달력에서 추가할 날짜를 클릭합니다. 일정 창이 열리면 제목에 '개학식'이라고 입력하고, 기본으로 설정되어 있는 내 캘린더(본인 이름)를 클릭하여 새로 만든 '학교 달력'을 선택한 후 [저장] 버튼을 클릭합니다.

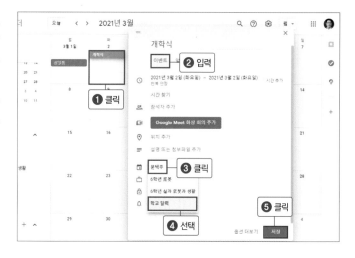

④ 왼쪽의 내 캘린더 중 새로 만든 '학교 달력' 캘린더에서 [학교 달력 옵션(⋮)]을 클릭한 후 팝업 메뉴에서 아래쪽 색상 중 [토마토]를 클릭합니다. 달력에 추가된 일정의 색깔이 토마토 색으로 바뀝니다. 팝업 메뉴 중 [설정 및 공유]를 클릭합니다.

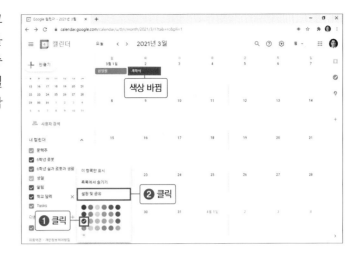

⑤ 설정 페이지가 열리면 왼쪽에서 '학교 달력'의 [특정 사용자와 공유]를 클릭합니다. 공유할 사람을 추가하기 위해 특정 사용자의 공유의 [+사용자 추가] 버튼을 클릭합니다.

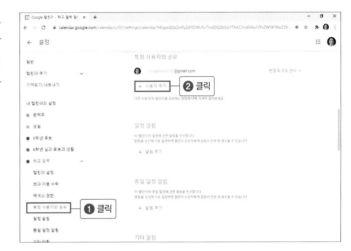

Tip **공유 가능한 내 캘린더 링크 생성하기**

왼쪽에서 '학교 달력'의 [액세스 권한]을 클릭합니다. 액세스 권한에서 '공개 사용 설정'에 체크하고, [공유 가능한 링크 받기] 버튼을 클릭합니다. 주의 창에서 [확인]을 클릭하면 공개 가능한 내 캘린더 링크 창이 나타나고 캘린더를 공유할 링크가 생성됩니다. 복사하기 위해 [링크 복사]를 클릭하여 불특정 다수의 사람들에게 링크를 복사해서 메일이나 메신저로 전송하면 새로 만든 캘린더를 공유할 수 있습니다.

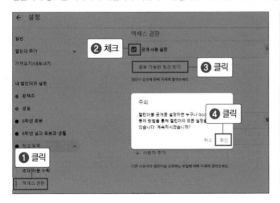

⑥ 공유할 사람의 이메일을 입력합니다.

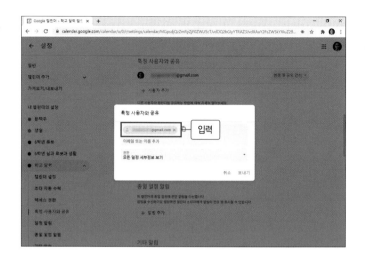

⑦ 권한을 '일정 변경'으로 설정한 후 [보내기]를 클릭합니다. 특정 일정만 공유되는 것이 아니라 캘린더 전체를 공유하게 되고 일정 변경으로 권한이 설정되어서 공유자도 일정을 변경할 수 있습니다. 공유자에게 이메일이 보내집니다.

 권한

권한을 '모든 일정 세부정보 보기'로 선택하면 캘린더를 볼 수만 있고, 일정을 수정할 수 없으나 '일정 변경'을 선택하면 일정을 보고, 변경할 수 있습니다. '변경 및 공유 관리'로 선택하면 일정을 변경할 수도 있고, 공유할 사람을 추가하거나 삭제할 수 있습니다.

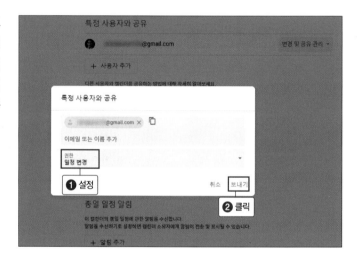

6. 캘린더 공유받은 사람의 메일 확인하기

① 크롬(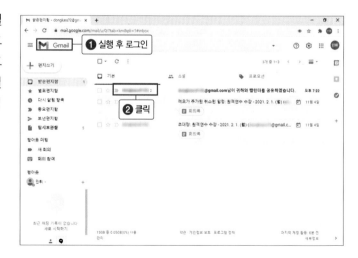) 웹 브라우저를 실행한 후 캘린더를 공유받은 사람의 계정으로 로그인합니다. [Google 앱(⠿)]을 클릭하고 [Gmail(M)]을 클릭합니다. 지메일이 열리면 받은 메일함에서 새로 받은 캘린더 공유 메일을 클릭합니다.

② 메일을 읽어보고, 캘린더를 추가하기 위해 '이 캘린더를 추가'를 클릭합니다.

③ 구글 캘린더가 열리고 캘린더 추가 창이 나타나면 '학교 달력' 캘린더를 추가하기 위해 [추가]를 클릭합니다.

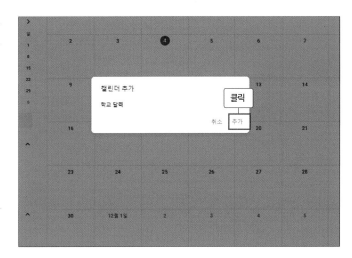

④ 왼쪽의 '다른 캘린더'에 '학교 달력' 캘린더가 추가된 것을 확인할 수 있고, 달력에서 학교 달력 캘린더 일정을 볼 수 있습니다.

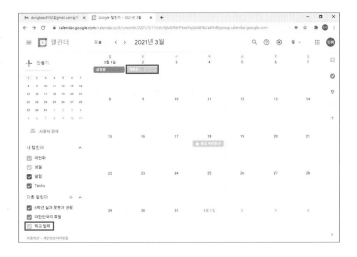

1. 구글 미트로 화상회의 시작하기

비대면 화상회의를 할 수 있는 프로그램으로 따로 설치하지 않고 사용할 수 있어서 더욱 편리합니다. 재택근무를 진행하면서 화상회의를 진행할 수 있고, 온라인 수업을 진행할 수도 있습니다.

❶ 크롬() 웹 브라우저를 실행한 후 구글 계정으로 로그인합니다. [Google(⊞)]을 클릭하고 [Meet(▣)]를 클릭합니다.

❷ 구글 미트 페이지에 접속됩니다. 화상회의를 시작하기 위해 [새 회의] 버튼-[즉석 회의 시작]을 클릭합니다.

❸ 구글 미트 페이지에 접속됩니다. Meet 에서 카메라와 마이크를 사용할 수 있어 허용 창에서 [닫기]를 클릭한 후 권한 요 청 창에서 [허용] 버튼을 클릭합니다.

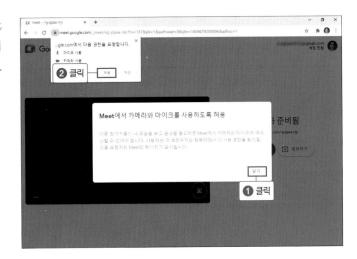

❹ 알림 권한 요청 창에서도 [허용] 버튼 을 클릭하면 허용해 줍니다. 카메라가 시 작 중이라고 표시되고, 회의가 준비됨을 알려줍니다.

❺ 카메라 준비가 완료되면 사용자 얼굴 이 화면에 나타납니다. [지금 참여하기] 버튼을 클릭하여 화상회의를 시작합니다.

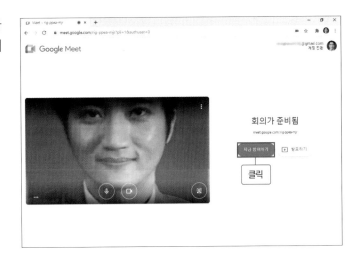

2. 화상회의에 초대하기

❶ 다른 사용자 추가 창이 나타나면 [사용자 추가]를 클릭합니다.

Tip [사용자 추가]로 사용자를 추가하면 권한 요청 없이도 회의에 참여할 수 있으나 [참여 정보 복사]를 통해서 회의에 참여하는 사람은 초대한 사람이 수락을 해야 회의에 참석할 수 있습니다.

❷ 추가할 사용자의 이메일을 입력하고, [이메일 보내기] 버튼을 클릭합니다.

❸ 회의 참석 초대 이메일을 받은 사람의 스마트폰에는 구글 미트 앱이 설치되어 있어야 합니다. [Play 스토어(▶)] 앱에서 구글 미트를 검색하여 [Google Meet] 앱을 설치한 후 실행합니다.

④ 회의 참석 초대 이메일을 통해 회의에 참석하기 위해 [Gmail()] 앱을 실행합니다. 화상회의 초대 이메일에서 [회의 참여]를 터치합니다. 연결 프로그램 창에서 [Meet()]를 선택하고 [항상]을 터치합니다.

⑤ 계정 선택 창이 나타나면 참여할 계정을 선택합니다. 그러면 [Meet()] 앱이 실행됩니다. 회의에 참석하기 위해 [참여] 버튼을 터치하면 바로 화상회의에 참석하여 참석자 얼굴과 목소리를 들을 수 있습니다.

3. 크롬 탭에 발표 자료 열어서 발표 시작하기

❶ 초대 이메일을 받은 사람이 회의에 참여하면 화상회의를 주최한 사람의 PC의 구글 미트에도 상대방 얼굴이 보입니다. [발표 시작]–[Chrome 탭]을 클릭합니다.

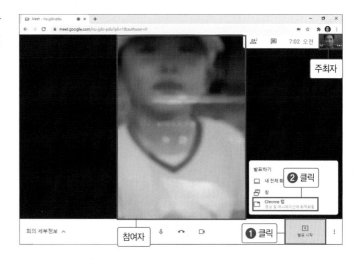

❷ Chrome 탭 공유 창에서 해당 화상회의를 선택하고 [공유] 버튼을 클릭합니다.

❸ 회의 주최자가 모든 참여자에게 발표하고 있다고 표시됩니다. 크롬의 새 탭을 생성하기 위해 [+]를 클릭합니다.

④ 크롬의 새 탭이 생성되면 구글 드라이브에서 발표 자료를 엽니다. [이 탭을 대신 공유] 버튼을 클릭합니다. 현재 탭을 사용하여 발표를 진행합니다. 그러면 회의 참여자의 스마트폰의 구글 미트 창에도 발표 자료가 표시됩니다.

⑤ 회의 주최자 PC에서 회의 참여자 전체에게 채팅으로 의견을 전달하기 위해 [Meet] 탭을 클릭하여 [모든 사용자와 채팅(▤)]을 클릭합니다.

⑥ 오른쪽에 회의 세부정보 창이 나타나면 [채팅] 탭을 클릭하고 아래쪽에 의견을 입력한 후 [▷]를 클릭하여 전송합니다.

7 회의 참여자는 회의 주최자가 발표하는 동안 [🎤]를 터치하여 음소거를 하고, [⋮]를 터치하여 [통화 중 메시지]를 터치하여 의견을 입력한 후 전송합니다.

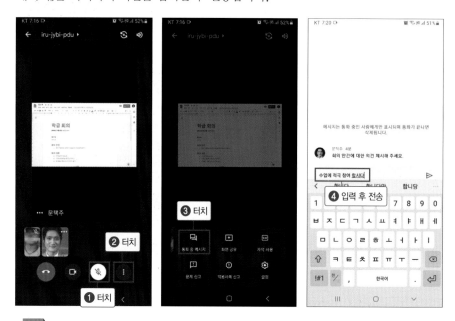

> **Tip** 회의 주최자가 발표할 때는 참석자에게 마이크를 음소거 해달라고 요청하여 소음이 없이 발표하도록 하고, 서로 의견을 나누는 회의 때는 의견을 말할 때만 마이크를 켜고 말하도록 합니다.

8 회의 주최자의 PC에서 회의 참석자의 의견을 확인하고 채팅하면서 의견을 나눌 수 있습니다.

> **Tip** **코드로 회의 참여하기**
>
> 다른 사용자 추가 창에서 [참여 정보 복사]를 클릭하여 참여자들에게 링크를 메일이나 메신저로 공유할 수 있습니다. 참여자들은 [Meet(🔲)] 앱에서 [코드로 참여]를 터치한 후 링크에서 끝부분을 입력하여 회의에 참여합니다. 회의 주최자가 회의 참여를 수락하면 회의에 참석할 수 있습니다.

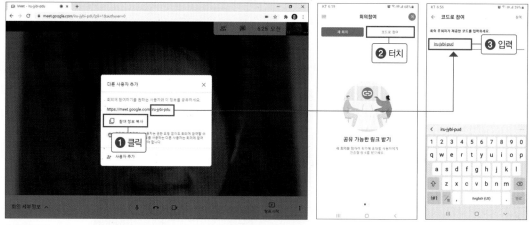

▲ 주최자 PC

▲ 참여자 스마트폰

구글 캘린더에서 일정에 구글 미트 화상회의를 추가하여 참여자를 초대할 수 있나요?

구글 캘린더의 캘린더 보기 형식을 '일'로 변경하여 특정 날짜의 특정 시간에 구글 미트 화상회의를 추가하고 참여자를 초대하여 구글 미트 회의에 참여하게 할 수 있습니다.

❶ 구글 캘린더의 캘린더 보기 형식을 '일'로 설정한 후 특정 날짜, 특정 시간을 클릭합니다. 참여자를 추가하고, [Google Meet 화상회의 추가] 버튼을 클릭한 후 [저장] 버튼을 클릭합니다.

❷ 구글 캘린더 참석자에게 초대 이메일을 보내겠냐는 창에서 [보내기]를 클릭합니다. 참석자의 스마트폰에서 초대 메일을 받은 후에 회의 시간에 링크를 클릭하여 접속합니다.

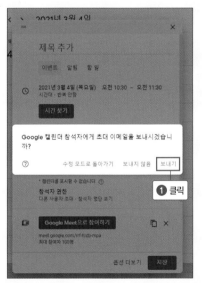

❸ [참여] 버튼을 터치하여 회의에 참석합니다. 회의 주최자가 수락하면 회의에 참여할 수 있습니다.

구글에 가입하면 구글 계정으로 사용할 수 있는 이메일로 Gmail이 있습니다. Gmail에서는 편지를 주고받을 수 있는 기능뿐만 아니라 여러 가지 숨은 기능이 있습니다. 메일 창에 서식 도구 모음을 제공하여 서식을 지정할 수도 있고, 예약 메일 전송 기능, 비밀 모드로 전송 기능 등이 있습니다.

1. G메일에서 예약 전송하기

① 크롬(📷) 웹 브라우저를 실행한 후 구글 계정으로 로그인하고, [Google 앱(⚏)]을 클릭하고 [Gmail(Ⓜ)]을 클릭합니다. 새 메일을 쓰기 위해 [편지쓰기] 버튼을 클릭하면 새 메일 창이 나타납니다.

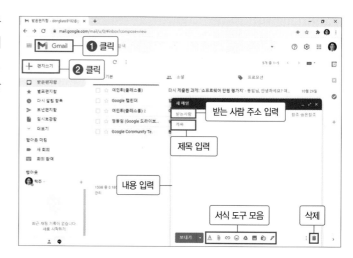

② 받는 사람에 메일을 받을 사람의 주소를 입력하고, 제목에는 메일 제목을 입력합니다.

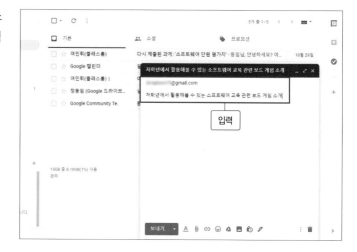

❸ 메일 내용을 입력한 후 서식을 지정하기 위해 내용 중 일부분을 블록 지정하고, 아래쪽의 도구 모음 중 [서식 지정 옵션(Ａ)]을 클릭합니다. 서식 도구 모음이 나타나면 [기울임꼴(Ｉ)], [밑줄(Ｕ)]을 클릭하여 기울어지고 밑줄 친 서식으로 지정해 줍니다. 메일 창을 전체 화면으로 보기 위해 [전체 화면 보기(⤢)]를 클릭합니다.

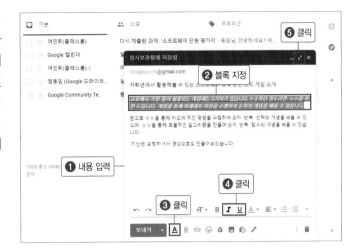

❹ 서식 도구 모음이 전체적으로 보입니다. 번호 매기기 목록을 할 곳에 커서를 위치하고 [번호 매기기 목록(☰)]을 클릭합니다. 들여쓰기 할 곳에 커서를 위치 시킨 후 [더 들여쓰기(☷)]를 클릭합니다. 다양한 방법으로 서식을 지정할 수 있습니다.

❺ 메일을 보내기 전에 맞춤법 검사를 하기 위해 아래쪽의 [옵션 더보기(⋮)]를 클릭하고 [맞춤법 검사]를 클릭합니다.

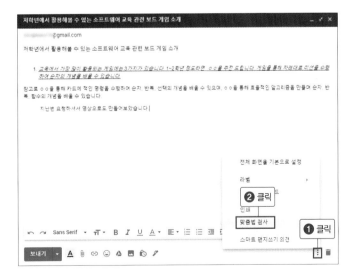

⑥ 맞춤법 검사가 끝나면 맞춤법에 어긋나는 곳에 분홍색 블록이 지정됩니다. 블록 지정된 곳을 클릭하면 추천 단어가 표시되는데, 맞춤법에 맞는 단어를 선택합니다.

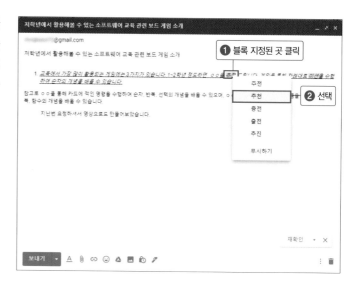

⑦ 외래어나 고유명사일 경우에도 분홍색 블록이 지정되는데, 추천 단어 중에서 [무시하기]를 선택하여 작성한 그대로 사용합니다.

⑧ 메일을 예약 전송하기 위해 [보내기] 버튼의 [보내기 옵션 더보기(▾)]를 클릭하여 [보내기 예약]을 선택합니다.

❾ 보내기 예약 창에서 [날짜 및 시간 선택]을 클릭합니다.

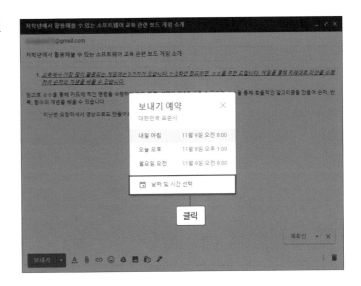

❿ 달력에서 메일을 보낼 날짜를 선택하고, 시간을 직접 지정한 후 [보내기 예약] 버튼을 클릭합니다.

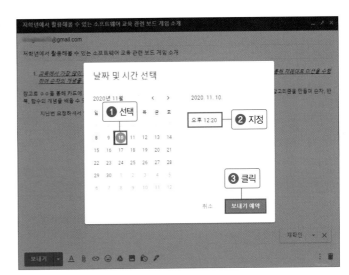

⓫ 메일함에서 [예약됨]이 추가되고, 추가된 메일의 숫자가 보입니다. 예약된 날짜가 되면 자동으로 발송됩니다. 예약 전송을 취소하려면 [예약됨]을 클릭하여 메일함을 연 후 예약 전송할 메일에 체크하고, 상단의 [보내기 취소]를 클릭하면 예약 전송이 취소됩니다.

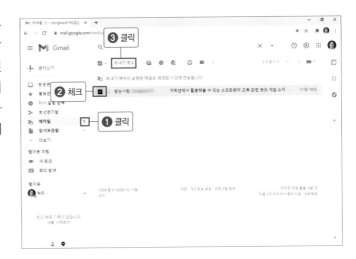

2. G메일에서 비밀 모드로 메일 전송하기

❶ [편지쓰기]를 클릭하여 새 메일 창에서 받는 사람 주소, 제목, 내용을 입력합니다. 구글 드라이브에 있는 파일을 첨부하기 위해 [드라이브에 저장된 파일 삽입(🔺)]을 클릭합니다.

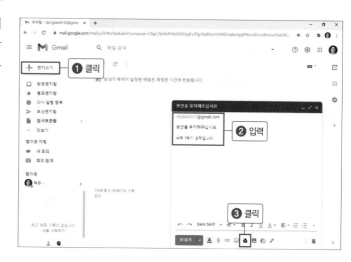

> **Tip** [파일 첨부(📎)]를 클릭하면 사용자 PC에 있는 파일을 삽입하여 메일을 보낼 수 있습니다.

❷ Google 드라이브에 저장된 파일 삽입 창의 [내 드라이브] 탭에서 내 드라이브에 저장된 파일 중 하나를 선택하고 [삽입] 버튼을 클릭합니다.

❸ 드라이브에 저장된 파일이 삽입되었습니다. 비밀 모드로 메일을 전송하기 위해 [비밀 모드 사용 또는 사용 중지(🕒)]를 클릭합니다.

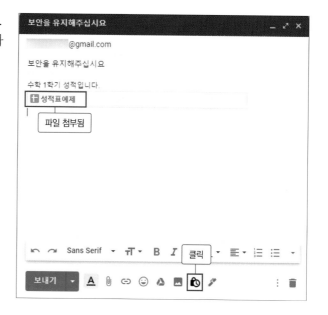

④ 비밀 모드 창에서 해당 메일이 자동으로 만료될 수 있게 만료일 설정을 하고, 비밀번호 필요에서는 'SMS 비밀번호'를 체크한 후 [저장] 버튼을 클릭합니다.

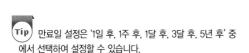
Tip 만료일 설정은 '1일 후, 1주 후, 1달 후, 3달 후, 5년 후' 중에서 선택하여 설정할 수 있습니다.

⑤ 콘텐츠가 설정한 만료일에 만료된다고 표시됩니다. [보내기] 버튼을 클릭하여 메일을 비밀 모드로 전송합니다.

⑥ 전화번호 확인 창이 나타나면 수신자가 SMS 비밀번호를 사용하여 신분을 확인할 수 있도록 수신자의 전화번호를 입력하고, [전송] 버튼을 클릭합니다.

3. 비밀 모드로 수신한 메일 확인하기

❶ 메일을 수신한 사람의 구글 계정으로 Gmail을 로그인한 후 받은편지함을 확인하여 비밀 모드로 전송된 메일을 선택합니다.

❷ 비밀 모드 편지가 열리면 본인 확인에서 [비밀번호 전송] 버튼을 클릭합니다.

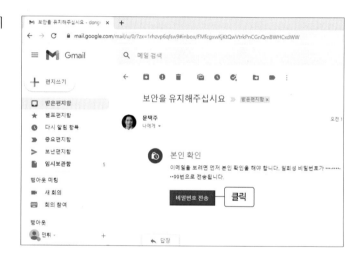

❸ 자동으로 메일을 수신한 사람의 전화번호로 비밀번호가 전송됩니다. 전송된 비밀번호를 입력하고 [제출] 버튼을 클릭합니다.

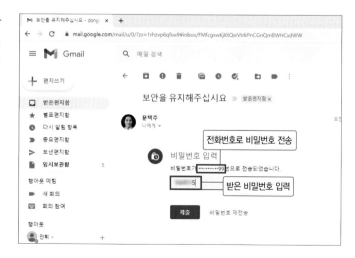

❹ 비밀번호가 확인되면 비밀 모드 메일을 읽고, 첨부된 파일도 다운로드할 수 있습니다.

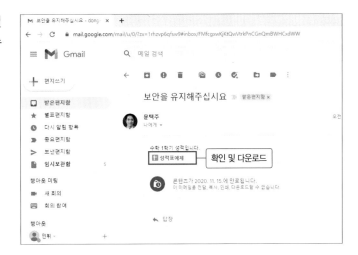

Tip G메일에서 전체 메일 한번에 삭제하기

❶ 왼쪽에서 [전체보관함]을 선택하고, 상단의 전체 메일을 선택하기 위해 체크 박스에 체크합니다. 그러면 해당 페이지의 50개의 메일만 선택됩니다. 나머지 페이지를 일일이 선택하여 메일을 삭제하는 것이 아니라 '전체보관함의 대화 모두 선택'을 클릭합니다.

❷ 상단의 [삭제(🗑)]를 클릭하여 전체보관함에 있는 메일을 한꺼번에 삭제합니다.

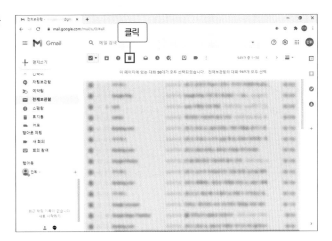

Part
3

인기 온라인
수업 도구
활용하기

구글에서 제공하는 수업 도구 외에도 다양한 수업 도구가 있습니다. 마이크로소프트에서 제공하는 MS 팀즈를 통해 실시간 수업은 물론, 수행 평가 과제를 내고 평가까지 해 볼 수 있습니다. 교육 계정이 있다면 오피스 365를 무료로 사용할 수도 있습니다. 실시간 수업 도구로 가장 많이 사용하는 Zoom을 활용하여 동시에 자료 공유도 하고 수업에 대한 질문을 채팅으로 진행하는 방법까지 알아보겠습니다. 또한 자료실로 사용하던 밴드와 채팅 방으로만 사용했던 카카오톡을 온라인 수업 도구로 사용하는 방법까지 알아보겠습니다.

Chapter 11
유튜브 크리에이터 스튜디오 활용하기
이왕 하는 것 유튜버까지 해봐?

초보 유튜브 크리에이터가 되기 위해서 먼저 유튜브에서 채널을 구독하고 학습하는 방법부터 알아본 후 채널을 만드는 방법을 알아보겠습니다. 직접 만든 영상을 유튜브에 올리면서부터 초보 유튜브 크리에이터가 됩니다. 유튜브 스튜디오에서 동영상을 업로드하고, 게시하는 방법과 자막을 입력하고, 자동 번역하는 방법까지 다양하게 알아보겠습니다.

■ 예제파일 : 순차구조.mp4, 선택구조.mp4, logo.png

▲ 구독과 워터마크

▲ 동영상 자막

유튜브(www.youtube.com)는 'You(당신)'와 'Tube(텔레비전)'의 합성어로, 구글에서 운영하는 세계적인 동영상 사이트입니다. 유튜브에서는 아동, 크리에이터, 게이머, 음악 팬, TV 애호가 등을 위해 다양한 앱을 제공하고 있습니다. 유튜브가 처음부터 다양한 서비스를 제공한 것은 아니고, 2005년 유튜브가 처음 창립할 때는 동영상 편집과 촬영에도 어려움을 겪었다고 합니다. 2006년 구글에 유튜브가 인수되고, 2007년부터 국가별 현지화 서비스가 제공되었으며, 한국어 서비스는 2008년부터 시작되었습니다. 그 이후 유튜브에 동영상 업로드가 쉬워지면서 다양한 사람들이 유튜브에 동영상을 업로드하면서 전 세계적인 동영상 사이트가 되었습니다.

유튜브의 특징

- 누구나 쉽게 동영상을 게시할 수 있습니다.
- 다양한 분야의 동영상을 검색만으로 쉽게 찾을 수 있습니다.
- 유튜브에는 다양한 분야의 강의가 업로드되어 있습니다.
- 관심 있는 분야의 학습을 쉽게 할 수 있습니다.
- 유튜브는 TV와는 다르게 댓글이나 실시간 채팅이 가능해서 쌍방향 소통이 가능합니다.

Tip **유튜버와 유튜브 크리에이터**

유튜브에 동영상을 게시하는 사람을 '유튜버'라고 합니다. 구글 계정만 있으면 누구나 모두 유튜버가 될 수 있고, 일정 수준에 도달하면 광고를 통해 수익을 창출할 수도 있습니다. 유튜버와 유튜브 크리에이터는 약간의 차이가 있는데, 유튜브에 동영상을 업로드하는 사람을 유튜버라고 하고, 본인이 만든 콘텐츠를 업로드하는 사람을 유튜브 크리에이터라고 합니다. 본인만의 창의적이고, 독창적인 내용을 영상으로 만들어서 다양한 사람들과 정보를 교환한다면 누구라도 유튜브 크리에이터가 될 수 있고, 구독자수가 많아지면 광고 수익을 얻을 수도 있습니다.

① 크롬(⬤) 웹 브라우저를 실행한 후 구글 계정으로 로그인하고, [Google 앱(⬛)]에서 [YouTube(▶)]를 클릭하여 유튜브에 접속합니다.

② 구독할 채널을 찾기 위해 검색어 입력창에 '크리에이터 아카데미'라고 입력하여 검색합니다. 검색 목록에서 YouTube 크리에이터 채널의 [구독] 버튼을 클릭하여 해당 채널을 구독합니다.

③ YouTube 크리에이터 채널의 [구독] 버튼이 [구독중]으로 변경되었습니다. 해당 채널을 클릭하여 이동합니다.

④ [재생목록]을 클릭하면 처음 크리에이터에 도전하는 사람들에게 필요한 지식과 과정을 동영상으로 제공합니다. 채널을 구독 중이기 때문에 새로운 좋은 정보를 지속적으로 받아볼 수 있습니다.

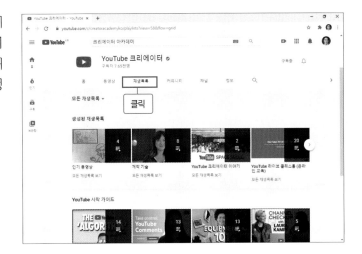

Tip 구독한 채널

왼쪽 메뉴 중 [구독]을 클릭하면 구독 채널에서 최신 업로드된 동영상을 볼 수 있습니다. 본인에게 필요한 동영상을 재생하여 학습할 수 있습니다.

Tip 초기 유튜버에게 필요한 추천 채널

유튜버 랩에는 초기 유튜버들이 궁금해하는 동영상을 만들고 업로드하는 방법과 구독자 수를 늘리는 방법 등의 영상이 게시되어 있습니다. 유튜브에서 유튜버 랩을 검색하여 구독한 후 [재생목록]에 업로드된 동영상으로부터 정보와 지식을 꾸준히 제공받을 수 있습니다.

1. 유튜브 채널 만들기

❶ 유튜브의 계정 아이콘을 클릭한 후 [YouTube 스튜디오]를 클릭합니다.

❷ YouTube 계정 선택 창에서 채널 이름을 입력하기 위해 이름과 성 부분을 수정하여 [채널 만들기] 버튼을 클릭합니다.

> (Tip) 유튜브를 처음 실행하고 아직 채널이 만들어지지 않을 때 유튜브 계정 선택 창이 나타납니다. 채널이 있는 경우에는 바로 유튜브 스튜디오가 열립니다. 새 채널은 유튜브의 계정 아이콘을 클릭한 후 [설정]을 클릭하여 [계정]의 내 채널에서 [새 채널 만들기]를 클릭하면 만들 수 있습니다.

❸ 유튜브 스튜디오가 열립니다.

2. 동영상 업로드하기

❶ 동영상을 업로드하기 위해 [만들기]
버튼을 클릭한 후 [동영상 업로드]를 클
릭합니다.

❷ [파일 선택] 버튼을 클릭하여 [열기] 대화상자가 나타나면 '온라인 수업\예제파일'에서 '순차구조.mp4' 파
일을 선택하고 [열기] 버튼을 클릭합니다.

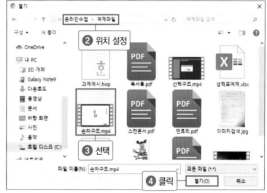

❸ 세부정보 창에 동영상의 제목과 설명
을 입력합니다.

④ 아래쪽으로 스크롤 막대를 드래그해 미리보기 이미지에서 '미리보기 이미지 업로드'를 클릭합니다.

⑤ PC에서 미리보기 사진으로 사용할 이미지를 불러오지 않으려면 [취소] 버튼을 클릭하고, 자동으로 동영상 중 내용을 알려주는 미리보기 사진 중 하나를 선택합니다. [재생목록 선택]을 클릭합니다.

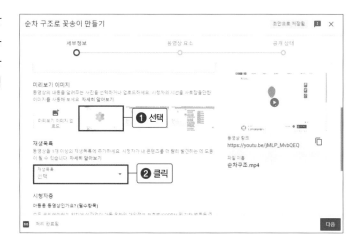

⑥ 재생목록을 만든 적이 없을 때는 새로 재생목록을 만들기 위해 [재생목록 만들기]를 클릭합니다.

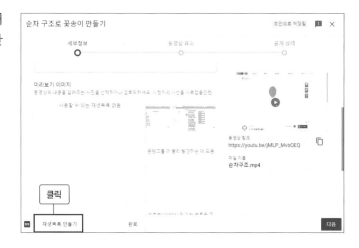

❼ 제목은 'SW교육'이라고 입력하고 공
개 상태는 '공개' 설정 그대로 두고, [만들
기]를 클릭합니다.

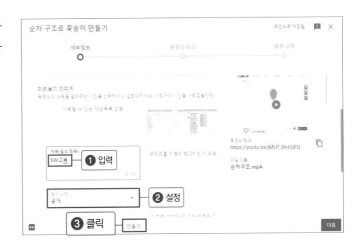

❽ 재생 목록이 만들어진 것을 확인하고
[완료]를 클릭합니다.

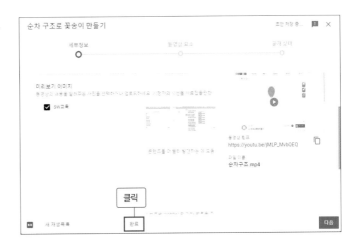

❾ 시청자층 선택 항목은 '아니요, 아동
용이 아닙니다'를 체크합니다. '예, 아동
용입니다'를 선택하면 댓글 쓰기가 제한
되기 때문에 시청자층과 소통할 수 없게
됩니다. [옵션 더보기]를 클릭합니다.

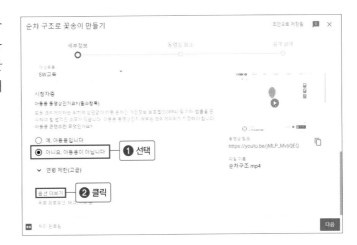

⑩ 태그는 사용자가 콘텐츠를 검색하는 데 도움이 되도록 동영상에 추가하는 설명 키워드입니다. 태그로 사용할 키워드를 입력하고, 각 태그 사이는 쉼표를 입력하여 구분합니다.

⑪ 퍼가기를 허용하지 않으려면 '퍼가기 허용'은 체크 해제하고, '구독 피드에 게시하고 구독자에게 알림 전송'은 체크합니다. 카테고리는 '교육'으로 설정합니다.

⑫ 댓글 및 평가는 '부적절할 수 있는 댓글은 검토를 위해 보류'로 설정하고, 정렬은 '인기순'으로 설정합니다. '동영상에 좋아요 및 싫어요를 표시한 시청자수 표시'에 체크하여 '좋아요, 싫어요' 수를 표시하게 합니다. [다음] 버튼을 클릭합니다.

Tip 댓글 및 평가

댓글 표시 여부 및 방법은 모든 댓글 허용, 부적절할 수 있는 댓글은 검토를 위해 보류, 검토를 위해 모든 댓글 보류, 댓글 사용 안함에서 선택할 수 있습니다. 부적절한 댓글까지 모두 허용하거나 검토를 위해 모든 댓글을 보류하는 것보다는 '부적절할 수 있는 댓글은 검토를 위해 보류'를 선택하는 것이 좋습니다.

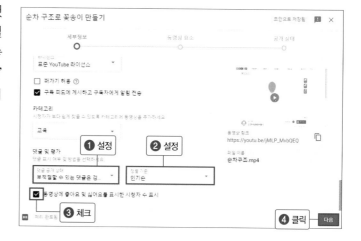

⓭ 동영상 요소는 유튜브에 여러 동영상을 업로드한 후 나중에 설정하기 위해 [다음] 버튼을 클릭합니다.

⓮ 공개 상태에서 '저장 또는 게시'는 업로드한 동영상을 나만 보려면 '비공개'를 선택하고, 모든 사람에게 공개하려면 '공개'를 선택합니다. 여기서는 업무 부서원들이나 같은 반 학생, 즉 특정 사람에게만 공개하기 위해 '일부 공개'를 선택합니다. 모든 동영상 업로드 설정이 끝났으면 [저장] 버튼을 클릭합니다.

⓯ 게시된 동영상을 특정인에게만 공유하려면 링크 공유의 SNS 아이콘을 클릭하여 공유하거나 동영상 링크의 [🗐]를 클릭하고 [닫기]를 클릭합니다. 복사한 링크는 메신저나 메일을 통해 공유합니다. 공유 링크를 받은 사람만 업로드한 동영상을 볼 수 있습니다. 같은 방법으로 다른 동영상도 업로드합니다.

3. 재생 목록과 로고 삽입하기

❶ 유튜브 스튜디오의 왼쪽 메뉴에서 [재생목록(≡)]을 클릭합니다.

❷ 재생목록이 나타납니다. 현재 재생목록인 'SW교육'에 새로운 동영상을 추가하기 위해 클릭합니다.

❸ 동영상을 추가하기 위해 [더 보기(⋯)]−[동영상 추가]를 클릭합니다.

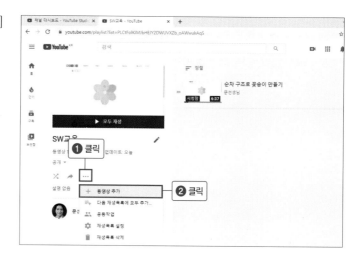

④ '재생목록에 동영상 추가' 창에서 [내 YouTube 동영상] 탭을 클릭하여 추가할 동영상을 선택합니다. [동영상 추가] 버튼을 클릭합니다.

⑤ 재생목록에 동영상이 추가되었습니다. 내 채널의 [재생목록]에서 동영상을 재생하면 재생목록에 있는 동영상들을 차례대로 볼 수 있습니다. [SW교육] 탭은 닫아줍니다.

⑥ 동영상 워터마크(로고)를 삽입하기 위해 YouTube 스튜디오의 왼쪽 메뉴에서 [맞춤설정(✦)]을 클릭합니다. [브랜딩] 탭을 클릭하고, 동영상 워터마크에서 [업로드]를 클릭합니다.

Tip 동영상 워터마크(로고)는 유튜브에 업로드한 동영상의 무단복제를 막을 수도 있고, 구독으로 유도할 수 있습니다.

⑦ [열기] 대화상자가 나타나면 '온라인 수업\예제파일'에서 'logo.png' 파일을 선택하고 [열기] 버튼을 클릭합니다.

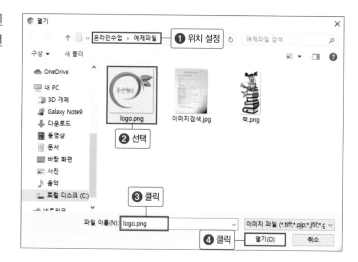

⑧ '동영상 워터마크 맞춤설정' 창에서 [완료] 버튼을 클릭합니다.

 Tip 동영상 워터마크 맞춤설정 창에 삽입된 이미지는 크기 조절점을 조절하여 크기를 조절할 수 있습니다. 이전 버전에서는 150×150픽셀의 정사각형의 png, jpg 이미지만 가능하였기 때문에 예제 이미지 크기가 150×150픽셀로 크기 조절 없이 그대로 저장합니다.

⑨ 시청자가 동영상에 집중해서 볼 수 있도록 동영상 워터마크(로고)에서는 표시 시간이 동영상 끝부분에 나올 수 있게 '동영상 끝'을 선택합니다. [게시] 버튼을 클릭합니다.

Tip 동영상 워터마크(로고) 표시 시간
- **동영상 끝** : 동영상 끝부분에 15초 동안 나타납니다.
- **맞춤 시작 시간** : 워터마크가 나타날 시간을 직접 지정할 수 있습니다.
- **전체 동영상** : 선택하면 워터마크가 항상 나타납니다.

⑩ 게시가 완료되면 내 채널에 업로드된 동영상을 확인합니다. 동영상 끝부분에 워터마크(로고)가 표시되고, 마우스를 가져가면 바로 구독으로 유도할 수 있습니다.

4. 최종 화면 등록하기

① 유튜브 스튜디오의 왼쪽 메뉴에서 [동영상(▣)]을 클릭합니다. [업로드] 탭에 업로드된 동영상 목록이 나타나는데, 최종 화면을 등록할 동영상의 미리보기 화면을 클릭합니다.

Tip 최종 화면 등록을 설정하면 내 채널에 업로드된 동영상 중 다른 동영상으로 바로 이동할 수 있도록 설정할 수 있고, 내 채널 구독 홍보 효과도 있습니다.

② 동영상 세부 정보에서 최종 화면을 클릭합니다.

③ 최종 화면 요소를 배치할 수 있는 템플릿이 표시됩니다. 그중 하나를 선택합니다.

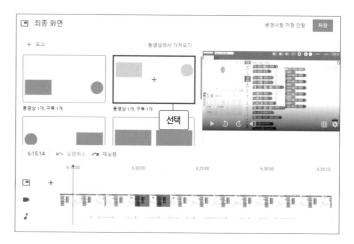

④ 미리보기 화면에서 '동영상: 시청자 맞춤'을 클릭하고, 그 부분에 특정 동영상을 불러오기 위해 동영상 요소에서 '특정 동영상 선택'을 체크합니다.

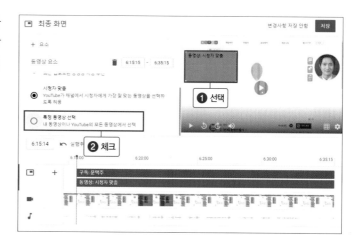

⑤ 업로드된 내 동영상 중에서 현재 동영상을 제외한 동영상 중 하나를 선택합니다.

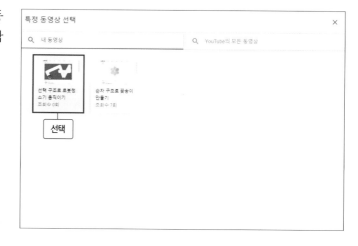

Tip 유튜브의 모든 동영상 탭을 클릭하여 유튜브 동영상 내의 다른 동영상을 불러올 수도 있으나 나의 동영상 조회수를 늘리기 위해서 내 동영상 중 하나를 선택합니다.

⑥ 최종 화면의 동영상과 구독은 끝부분에서 15초 전에 표시되지만, 나타나는 시간을 조정하려면 타임라인의 동영상과 구독의 바를 드래그하여 조정합니다. 동영상과 구독이 동시에 나타나도록 막대를 똑같이 조정한 후 [저장] 버튼을 클릭합니다.

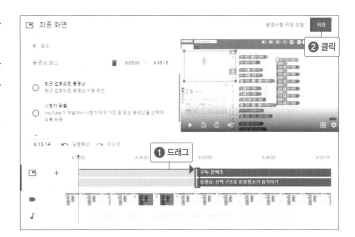

⑦ 저장이 완료되면 내 채널에 업로드된 동영상의 최종 화면을 확인합니다.

① 유튜브 스튜디오의 왼쪽 메뉴에서 [자막(📧)]을 클릭합니다. 채널 자막의 [전체] 탭에서 자막을 넣을 동영상을 선택합니다.

② 동영상 자막을 넣을 언어를 '한국어'로 설정하고, '채널 기본값으로 지정'에 체크한 후 [확인]을 클릭합니다.

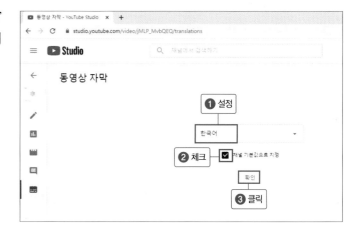

③ 동영상 자막을 추가하기 위해 [추가]를 클릭합니다.

④ 자막을 추가할 방법에서 [직접 입력]을 선택합니다.

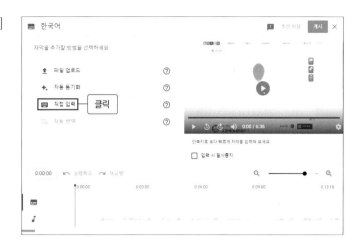

⑤ 동영상에 넣을 자막을 입력하면 타임라인에 자막이 추가됩니다. 자막 옆의 시작 시간과 끝 시작을 입력하여 자막이 표시되는 시간을 조정할 수 있습니다. 오른쪽 미리보기의 [재생(▶)] 버튼을 클릭하여 자막이 표시되는 것을 확인합니다. [게시] 버튼을 클릭하면 영상이 게시됩니다.

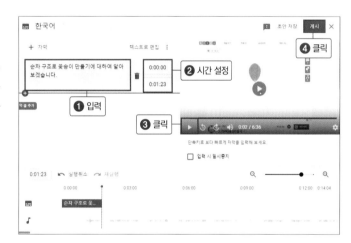

⑥ 게시가 완료되면 내 채널에 업로드된 동영상의 화면에서 자막 아이콘(🔲)을 클릭하여 확인합니다.

Q&A 동영상의 음성을 자동으로 자막 추가하고, 자동 번역할 수 있나요?

유튜브 스튜디오의 [자막(▤)]에서 이미 한국어 자막이 있는 동영상에서 다른 언어를 추가하면 한국어를 다른 언어로 자동 번역할 수 있습니다.

❶ 동영상 자막에서 [언어 추가] 버튼을 클릭합니다.

❷ '영어' 자막을 추가하기 위해 [영어]를 선택합니다.

❸ 추가된 영어 자막에서 [추가]를 클릭합니다.

❹ 한국어 자막이 있어서 이제 자동 번역이 활성화되었습니다. [자동 번역]을 클릭합니다.

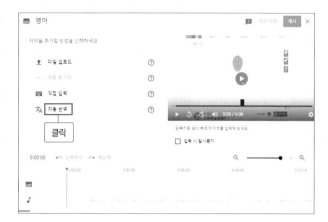

❺ 자동으로 영어로 번역되어서 나타납니다. [게시] 버튼을 클릭합니다.

❻ 게시가 완료되면 내 채널에 업로드된 동영상을 확인합니다. [자막(▭)] 아이콘을 클릭합니다. 기본이 한국어로 설정되어 있어서 한국어 자막이 표시됩니다. 자막 언어가 2개 이상일 때는 설정(⚙) 아이콘 – [자막]을 클릭하여 원하는 [영어]를 선택하면 영어 자막이 나타납니다.

MS 팀즈로 온라인 수업하기
오피스 365는 교사, 학생에게 무료?

학교 이메일이나 교육청 이메일로 마이크로소프트사에 가입되어 있으면 MS 팀즈에 무료 등록할 수 있습니다. MS 팀즈는 온라인 수업을 만들고, 학생을 초대하여 수업을 진행할 수 있으며, 쌍방향, 화상 수업도 가능합니다. 모르는 것은 실시간으로 질문하고 답할 수 있는 채팅 기능도 있고, 무엇보다 오피스 365 앱이 포함되어 있어서 온라인에서도 오피스 앱을 사용할 수 있고, 오프라인에서도 사용할 수 있게 설치 파일을 제공합니다. MS 팀즈를 활용한 온라인 수업 진행 방법과 오피스 365를 스마트 기기에서 사용하는 방법까지 알아보겠습니다.

- 예제파일 : 팀즈자료.pptx, 팀과제.docx
- 완성파일 : 팀과제제출.docx

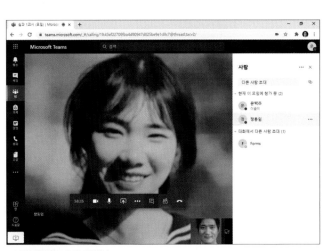

▲ 수업 참여하고 수업 진행하기

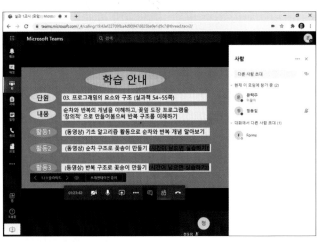

▲ 오피스 365 앱 연동하여 활용하기

MS 팀즈는 마이크로소프트사에서 개발한 채팅 기반의 도구로 실시간 온라인 화면 공유가 가능하며 비대면으로 화상회의 수업을 진행할 수 있습니다.

1. MS 팀즈의 특징

- 채팅 기반의 협업도구이며 화상회의를 통해 쌍방향 소통이 가능합니다.
- 인터넷이 연결되어 있으면 언제 어디서나 가능하며 동시에 파일 편집도 할 수 있습니다.
- MS 팀즈를 사용하려면 구성원 모두 계정이 필요합니다.
- 선생님 입장에서는 팀 참가, 팀 만들기를 통해 클래스를 만들 수 있습니다.
- 웹캠이나 스마트폰의 카메라를 통해 화면을 공유할 수 있어서 서로 얼굴을 보면서 회의나 수업을 할 수 있습니다.
- 실시간 방송 중에 채팅을 통해 구성원들과 의사소통을 할 수 있습니다.
- 게시판을 통해 필요한 회의 자료나 수업 자료를 공유할 수 있습니다.

2. MS 팀즈의 화면 구성 살펴보기

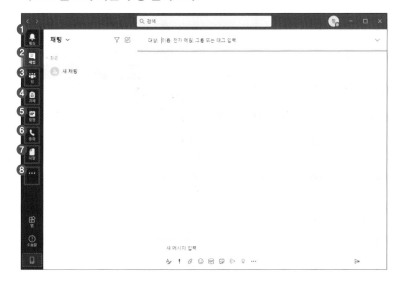

❶ **활동** : 멘션, 회신, 기타 알림 표시합니다.

❷ **채팅** : 구성원들과 개인적인 대화를 나눌 때 사용합니다.

❸ **팀** : 수업과 관련된 핵심적인 기능을 제공합니다.

❹ **과제** : 수업을 만들면 과제 내기를 합니다.

❺ **일정** : 새 모임 일정 추가합니다.

❻ **통화** : 연락처를 추가하고 전화를 합니다.

❼ **파일** : 최근에 작업한 파일을 쉽게 가져오고, 원드라이브와 연결합니다.

❽ … : 더 많은 추가 앱

❶ 크롬(◉) 웹 브라우저를 실행한 후 검색 창에 'MS팀즈'를 입력하여 검색합니다. 검색 목록 중 '채팅, 모임, 통화, 공동 작업 | Microsoft Teams'를 클릭합니다.

❷ Microsoft Teams에 무료 등록하기 위해 [무료 등록] 버튼을 클릭합니다.

❸ Microsoft에 가입된 교육 계정 이메일을 입력한 후 [다음] 버튼을 클릭합니다.

 Tip Microsoft 계정

MS 팀즈에 무료 등록하려면 Microsoft 계정이 있어야 합니다. 미리 Microsoft(www.microsoft.com)에서 회원 가입한 메일 계정을 입력합니다. 선생님이나 학생의 경우에는 학교 메일을 입력하면 바로 오피스365앱 무료 신청 페이지로 이동하기도 하고 학교 홈페이지에 소개된 가입 절차에 따라 가입할 수도 있습니다.

④ Teams를 어떻게 사용하겠냐는 물음에 'For school'을 선택하고, [다음] 버튼을 클릭합니다.

Tip Microsoft 팀즈 로그인

Teams를 어떻게 사용하겠냐는 물음에 교육용 계정이 아닌 경우에는 'For school'이 아닌, 가족용이나 회사용으로 선택해야 합니다. 그러면 Office 365 Education 등록 페이지가 아니라 Microsoft Teams 로그인 화면이 열립니다. 로그인하기 위해서 Microsoft 계정의 암호를 입력하고 [로그인] 버튼을 클릭한 후 절차에 따라 진행하면 Microsoft Teams 창이 열립니다. 일반 계정일 경우 팀을 만들어서 온라인 회의를 할 수 있으나 과제 기능은 없고 오피스 365 앱도 무료로 사용할 수 없습니다.

⑤ 자동으로 Office 365 Education 등록 페이지가 열립니다. MS 팀즈가 오피스 365에 포함되기 때문입니다. 몇몇 학교는 오피스 데스크톱 앱을 사용할 수 있습니다. 교육 계정이 입력된 상태에서 [등록]을 클릭합니다.

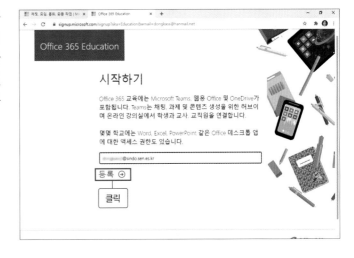

❻ 계정 생성 페이지가 열립니다. 성과 이름, 암호, 암호 확인을 차례대로 입력합니다. MS 팀즈에 가입할 때 입력한 이메일로 코드 번호가 보내집니다. 받은 코드를 해당 이메일에서 확인한 후 입력합니다. Microsoft에서 보내는 프로모션 및 제안과 제품 및 서비스에 대한 정보 수신에 대해 모두 체크하고 [시작]을 클릭합니다.

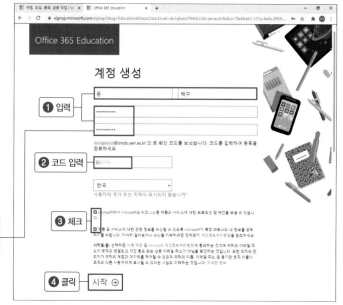

> 암호는 영문자＋숫자＋특수문자 조합의 8글자 이상의 강력한 암호로 설정하는 것이 좋습니다.

❼ Office 365를 활용한 교육으로 시간을 절약하라는 창이 보이면 체크합니다.

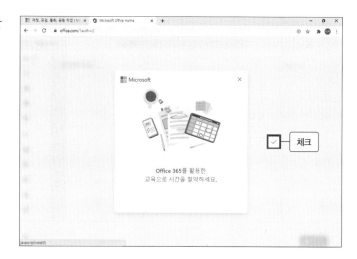

Tip 웹용 Office 365 앱

Microsoft 계정을 통해 무료로 별도의 설치 없이 웹 브라우저에서 원하는 오피스 앱을 사용할 수 있습니다. 워드, 엑셀, 파워포인트, MS 팀즈, OneDrive, OneNote 등 다양한 앱을 사용할 수 있습니다. MS 오피스 프로그램은 버전별로 구매해서 사용해야 하는데, 교육용 Microsoft 계정으로 가입하면 무료로 웹용 오피스 365 앱은 물론, 데스톱용 오피스 365 앱을 다운로드하여 오프라인에서도 사용할 수 있고, 스마트 기기에서도 오피스 앱을 설치하여 사용할 수 있습니다. 무엇보다 업데이트가 자동으로 이루어져서 새로운 오피스 기능을 사용할 수 있어서 편리합니다.

❽ Office 365 웹 프로그램이 열립니다. 왼쪽 앱 중에서 [Teams(📷)]를 클릭합니다.

Tip 데스크톱용 Office 365 앱을 사용하려면 [Office 설치] 버튼-[Office 365 앱]을 클릭하여 설치 파일을 다운로드하여 설치합니다.

❾ MS 팀즈에서 [Windows 앱 다운로드] 버튼을 클릭하여 설치 파일을 다운로드하여 데스크톱용 앱을 절차에 따라 설치합니다. 여기서는 [웹 응용 프로그램을 대신 사용합니다.] 버튼을 클릭합니다.

❿ 웹용 MS Teams 프로그램이 열립니다.

Tip 데스크톱 알림 켜기 창에 [켜기]를 클릭하면 알림 허용 창이 나타납니다. 알림을 받기 위해 [허용]을 클릭합니다.

MS 팀즈의 다양한 기능을 온라인 수업에 활용하기

1. 수업 팀 만들고 학생 추가하기

❶ 왼쪽에서 [팀]을 클릭하고 [팀 만들기]
버튼을 클릭합니다.

❷ 팀 유형 선택 창에서 [수업]을 클릭합
니다.

❸ 팀 만들기 창에서 이름에 '팀 이름'을
입력하고, 설명에 '팀에 대한 설명'을 입
력한 후 [다음] 버튼을 클릭합니다.

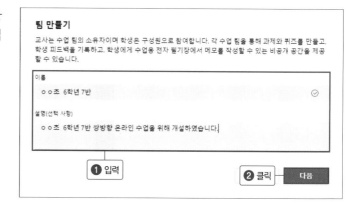

❹ 팀에 학생을 추가하기 위해 [학생] 탭에서 직접 학생의 이메일 주소를 입력하여 추가할 수 있습니다. 학생 이메일을 입력하여 검색된 학생을 선택합니다.

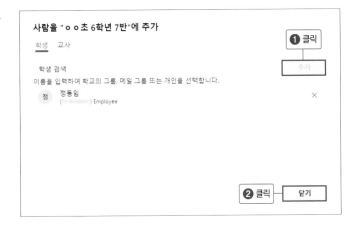

Tip 특정 학생의 이메일로 직접 추가하는 방법 외에 수업 코드를 생성해서 학생들에게 수업에 참여하게 하는 방법도 있습니다.

❺ [추가] 버튼을 클릭하여 수업 팀에 추가한 후 [닫기] 버튼을 클릭합니다.

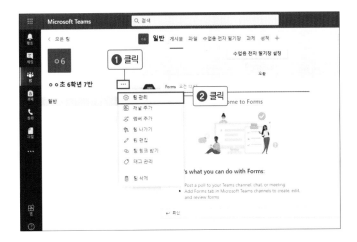

❻ 수업 팀의 [···]를 클릭하여 팝업 메뉴에서 [팀 관리]를 클릭합니다.

❼ 팀을 관리하고, 설정할 수 있는 곳입니다. 팀 코드를 생성하기 위해 [설정] 탭을 클릭합니다.

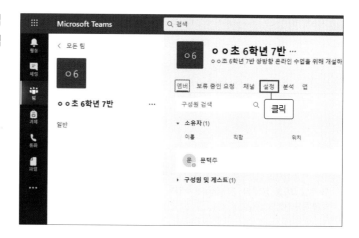

❽ [팀 코드]를 클릭하고 [생성] 버튼을 클릭합니다.

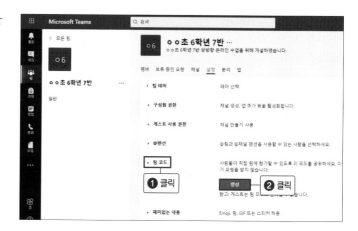

❾ 팀 코드가 생성되었습니다. 수업에 참여해야 할 학생들에게 메신저 등을 활용하여 '코드'를 알려줍니다.

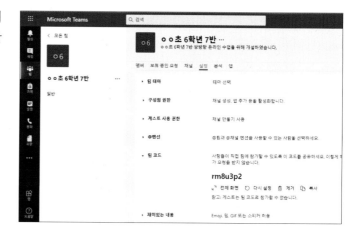

2. 코드로 수업 참여하고 수업 진행하기

① 수업에 참여할 학생들의 스마트폰의 [Play 스토어] 앱(▶)을 터치하여 'MS 팀즈'를 검색하여 설치합니다. 설치가 완료되면 [열기] 버튼을 클릭하여 실행합니다. MS 팀즈에 로그인하기 위해 학생의 Microsoft에 가입된 교육 계정 이메 일을 입력한 후 [로그인] 버튼을 터치합니다.

② 수업에 참여하기 위해 오른쪽 상단의 [⋮]를 터치하여 [코드를 사용하여 팀 참가]를 터치합니다.

❸ 코드를 사용하여 팀 참가 창의 코드 입력에 선생님께서 알려주신 코드 번호를 입력하고 [참가]를 터치합니다. 팀에 내가 참여할 '○○초 6학년 7반'이 있습니다. [활동]에 숫자가 표시되어 있습니다. 새 알림을 확인하기 위해 터치합니다.

Tip [활동]에는 멘션, 회신 및 기타 알림이 표시됩니다.

❹ 팀에 학생이 추가되었다는 메시지를 터치합니다. 일반 화면의 [게시물] 탭이 열리는데, 아래쪽 '회신'에 글을 작성한 후 [▷]를 터치하여 선생님께 메시지를 보냅니다.

❺ 학생이 보낸 메시지를 선생님 PC의 MS 팀즈에서 확인할 수 있습니다. 선생님께서도 회신에 답글을 작성하여 전송합니다. 온라인 수업을 시작하기 위해 [지금 모임 시작(📹)]을 클릭합니다.

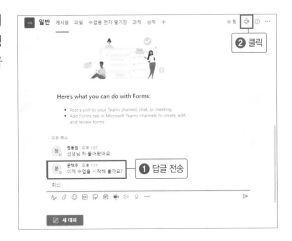

❻ MS 팀즈를 위해 마이크와 카메라를 사용할 수 있게 허용해 달라는 창에 [허용] 버튼을 클릭합니다. 카메라가 자신을 비추어 화면에 나타납니다. '제목을 추가하시겠습니까?'를 클릭하여 제목을 입력하고 [지금 모임 시작] 버튼을 클릭합니다.

❼ 상대방의 얼굴이 크게 표시되고, 아래쪽에 작은 사진은 내 모습이 표시됩니다.

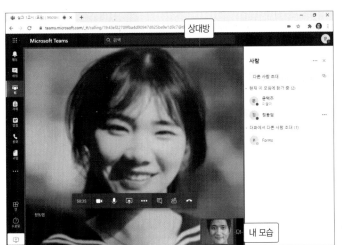

▲ 선생님 PC

▲ 학생 스마트폰

⑧ 자료를 불러오기 위해 화면 하단의 도구 모음에서 [공유 트레이 열기(⬇)]를 클릭합니다. [찾아보기]–[내 컴퓨터에서 업로드]를 클릭하여 [열기] 대화상자에서 '온라인 수업\예제파일\팀즈자료.pptx'를 선택하고 [열기] 버튼을 클릭합니다.

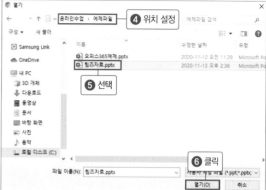

⑨ 수업 자료가 공유되면서 수업에 참여한 모든 학생들 스마트 기기에도 수업 자료가 보이게 됩니다. 선생님께서는 자료로 발표만 하기 위해 도구 모음에서 [카메라 끄기(📷)]를 클릭하고, 학생들은 [카메라 끄기(📷)], [음소거(🎤)]를 모두 터치하고 선생님 발표 소리를 듣습니다. 수업을 끝마치려면 [종료(📞)]를 클릭합니다.

▲ 선생님 PC

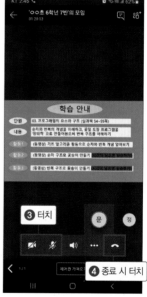

▲ 학생 스마트폰

3. 과제 내기

① 과제를 내기 위해 왼쪽 팀 메뉴를 클릭하고, 상단 탭 중 [과제] 탭을 클릭합니다. 과제를 시작하기 위해 [시작하기] 버튼을 클릭한 후 [만들기] 버튼-[과제]를 클릭합니다.

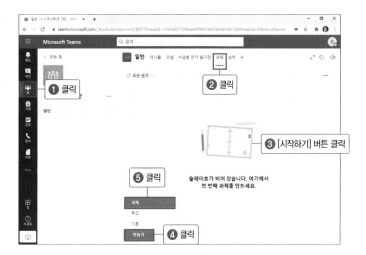

② 새 과제 페이지가 열리면 제목, 지침을 작성합니다. 학생들에게 과제 양식을 제공하기 위해 [리소스 추가]를 클릭합니다.

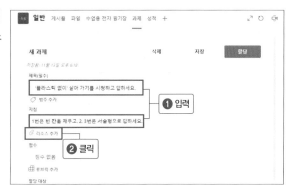

③ OneDrive에 파일이 업로드된 경우에는 OneDrive에서 불러올 수도 있지만, 내 PC의 파일을 불러오기 위해 [이 디바이스에서 업로드] 버튼을 클릭하여 [열기] 대화상자에서 '온라인 수업\예제파일\팀과제.docx'를 불러온 후 이 디바이스의 업로드 창에서 [완료] 버튼을 클릭합니다.

> **Tip** MS 팀즈가 Microsoft사에서 서비스되고 있어서 업로드할 수 있는 파일은 MS 오피스에서 만든 docx, xlsx, pptx 파일과 jpg, png, pdf 이미지 파일 등입니다. 한글 파일(hwp) 등은 업로드할 수 없습니다.

❹ 성적 기준을 만들기 위해 [루브릭 추가]를 클릭합니다.

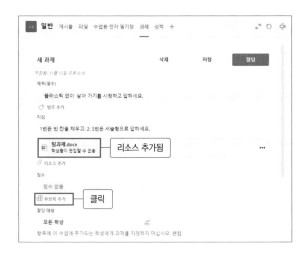

❺ 루브릭 선택 창에서 [+새 루블릭]을 클릭합니다. 제목과 설명을 각각 작성하고, 성적 기준은 세 가지로 하기 위해 '아주 좋음'은 '성적기준 상', '만족'은 '성적기준 중', '보통'은 '성적기준 하'라고 입력하고, 마지막 '불만족'을 선택한 후 [(🗑)]를 클릭하여 삭제합니다. [업데이트] 버튼을 클릭합니다.

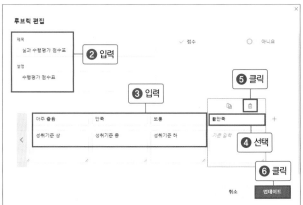

❻ 할당 대상과 날짜 및 시간 기한까지 설정한 후 [저장] 버튼을 클릭합니다. [저장] 버튼을 클릭하면 과제 초안만 작성됩니다. 아직 학생에게 할당된 것은 아닙니다.

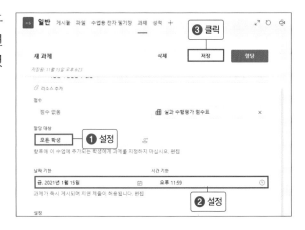

⑦ [초안]을 클릭하면 저장된 초안 목록이 펼쳐집
니다. 할당할 과제의 초안 제목을 클릭합니다.

⑧ 새 과제 창에서 [할당] 버튼을 클릭하여 과제를
할당합니다.

4. 과제 제출하기

① 과제를 할당받은 학생의 MS Teams
화면입니다. 활동에 새로운 알림이 있
어서 왼쪽 메뉴 중 [활동]을 클릭하면
[Assignments(과제)님이]의 새로운 멘
션을 클릭합니다. 오른쪽 화면 아래쪽의
[과제보기] 버튼을 클릭합니다.

❷ 할당된 과제가 펼쳐집니다. 참고 자료의 파일을 열기 위해 [⋯]를 클릭하여 [Word에서 열기]를 클릭합니다. 파일이 열리면 직접 답안을 작성하고 [파일] 탭-[다른 이름으로 저장]을 클릭하여 '팀과제제출.docx'로 저장합니다. 내 작업의 [작업 추가]를 클릭합니다.

❸ 내 PC의 파일을 불러오기 위해 [이 디바이스에서 업로드]를 클릭하여 새로 저장한 파일을 불러온 후 [완료] 버튼을 클릭합니다.

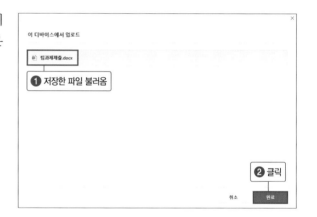

❹ 내 작업에 파일이 업로드되었으면 [제출] 버튼을 클릭하여 과제를 제출합니다.

5. 제출한 과제 확인하기

① 과제를 낸 선생님의 MS
Teams 화면입니다. [팀] 메
뉴의 [과제] 탭에서 [할당
됨]에 제출한 과제의 제출
됨의 횟수가 표시됩니다.
제출됨 과제를 클릭합니다.

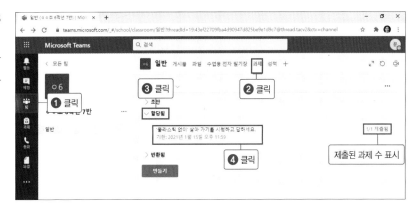

② 학생들이 제출한 과제 목록이 표시됩니다. [제출됨] 버튼을 클릭하여 제출한 과제를 확인합니다. 과제 파
일 오른쪽의 루브릭의 '실과 수행평가 점수표'를 클릭합니다.

③ 실과 수행평가 점수표에서 품질 1의 성취기준과 피드백을 작성한 후 [완료] 버튼을 클릭합니다. [반환] 버
튼을 클릭하여 과제를 반환합니다. 반환된 과제는 학생 MS Teams에서 성적과 함께 확인할 수 있습니다.

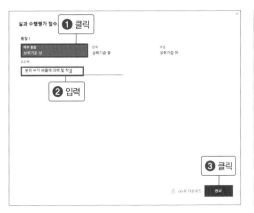

① Microsoft Office(www.office.com) 에 접속한 후 [로그인] 버튼을 클릭하여 로그인 창에서 Microsoft 교육 계정으로 암호를 입력하고 [로그인] 버튼을 클릭합 니다.

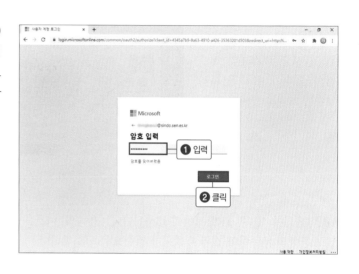

Tip 로그인 상태 유지
로그인한 후에 로그인 상태 유지 창이 나타날 때 [예] 버튼을 클릭하면 접속 시에 다시 로그인하지 않아도 로그인이 유지됩니다. 공동 PC의 경우 [아니요] 버튼 을 클릭합니다.

② 오른쪽의 [Office 설치]–[Office 365 앱]을 클릭합니다. 설치 파일이 다운로드 되면 절차에 따라 설치합니다.

Tip 오피스 365 앱의 설치 파일을 다운로드하여 설치하면 온라인에 접속할 필요 없이 오프라인에서 도 무료로 오피스 365 앱를 사용할 수 있습니다.

③ 설치 완료 후에 작업 표시줄의 [시작 (⊞)] 버튼–[PowerPoint]를 클릭하여 실 행합니다. Microsoft에 로그인하기 위해 [로그인] 버튼을 클릭합니다.

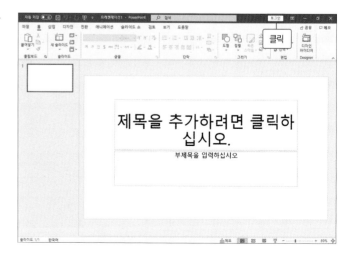

④ 로그인 창에 가입한 이메일을 입력하고 [다음] 버튼을 클릭하여 암호를 입력한 후 [로그인] 버튼을 클릭합니다.

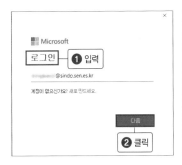

⑤ [파일] 탭-[열기]-[찾아보기]를 클릭하여 [열기] 대화상자에서 '온라인 수업\예제파일\팀즈자료.pptx'를 불러옵니다. 제한된 보기에서 [편집 사용] 버튼을 클릭합니다.

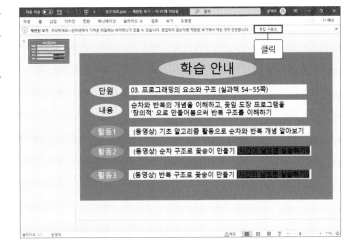

⑥ OneDrive에 파일을 업로드하려면 상단의 파일 제목을 클릭한 후 [업로드] 버튼을 클릭합니다. 위치 선택 창에서 미리 로그인한 OneDrive를 클릭합니다. 파일이 업로드됩니다.

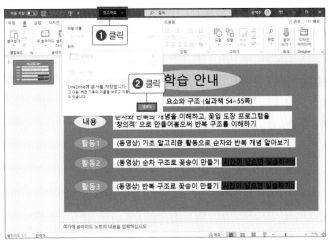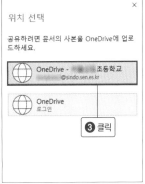

Tip OneDrive는 윈도우10에 내장된 클라우드 서비스입니다. 작업한 파일을 OneDrive에 업로드할 수 있고, 언제 어디서나 저장한 파일을 다운로드하여 사용할 수 있습니다.

7 스마트폰의 [Play 스토어] 앱(▶)을 터치하여 'microsoft office'를 검색하여 설치합니다. 설치가 완료되면 [열기] 버튼을 터치하여 실행합니다. Microsoft 계정으로 로그인하면 OneDrive가 열리고 OneDrive에 저장된 파일 목록이 나타납니다. '팀즈자료'를 터치합니다.

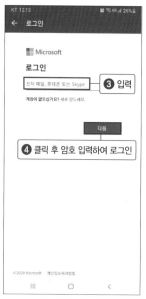

8 스마트폰에서 OneDrive의 자료를 바로 열 수 있습니다. 오른쪽 상단의 [✎]를 클릭하면 편집도 가능하며 수정된 내용은 바로바로 OneDrive에 저장됩니다.

MS 팀즈에서 그림에 글자를 넣어서 회신할 수 있나요?

MS 팀즈에서는 회신 도구 모음 중 스티커(🖼)에서 밈이라는 기능을 사용하면 그림에 글자를 넣어서 재미있게 회신을 주고받을 수 있습니다.

❶ 학생으로부터 질문을 받으면 '회신'을 클릭하여 도구 모음 중 [스티커(🖼)]–[밈]을 클릭하고 마음에 드는 사진을 선택합니다.

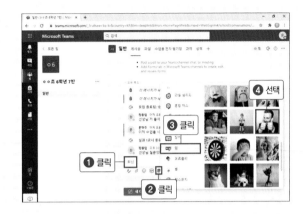

❷ 상단과 하단에 들어갈 말을 각각 입력하면 사진 위에 글자가 표시됩니다. [완료] 버튼을 클릭합니다.

❸ [▷]를 클릭하여 밈 메시지를 전송하면 학생들에게 전달됩니다. 학생들의 스마트폰 MS 팀즈에서 확인할 수 있습니다.

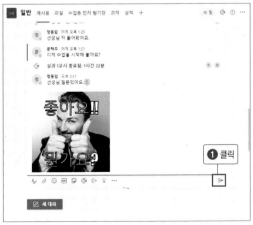

▲ 선생님 PC

▲ 학생 스마트폰

Chapter 13

Zoom을 활용한 온라인 수업하기
원격회의에 가장 많이 쓰이는!

Zoom은 쌍방향 온라인 수업이 가능한 화상회의 솔루션으로 무료로 사용할 수 있습니다. 무료 버전을 사용해도 한 번에 100명까지 40분 동안 회의를 진행할 수 있고 호스트(선생님)만 회원 가입해서 회원 ID를 부여 받으면 참가자(학생)는 회원 ID와 암호만으로 회의에 참가할 수 있습니다. 회의 진행 중에도 참가자와 채팅을 할 수 있고, 참가자에게 파일을 제공할 수 있으며, 화면 공유 기능이 있어 자료를 보면서 수업을 진행할 수도 있습니다. 중요한 부분을 필기하려면 화이트보드를 사용할 수도 있습니다.

■ 예제파일 : 엔트리.pdf, 줌자료.pptx

▲ 호스트(선생님) PC

▲ 참가자(학생)

Zoom은 무료 화상회의 솔루션으로 서로 떨어진 곳에 있는 사람과 얼굴을 마주 보고 대화할 수 있어 영상회의, 온라인 세미나, 온라인 수업 등 다양한 용도로 사용되고 있습니다.

1. Zoom의 특징

- 스마트폰, PC, 태블릿 등 여러 장치에서 사용이 가능합니다.
- 무료 버전에서 100명의 참가자와 40분 동안 동시 대화가 가능합니다.
- 별도의 가입절차 없이도 회의 참가자는 호스트(주최자)의 회의 ID와 암호로 접속이 가능합니다.
- 회의를 진행하면서 채팅할 수 있고, 채팅 내용을 텍스트 파일로 저장할 수 있습니다.
- 회의를 진행하며 화면을 공유할 수 있으며 판서, 주석 기능을 제공합니다. 수업을 하는 경우 학생은 주석 도구로 필기가 가능하고, 선생님은 첨삭이 가능합니다. 수업에 최적화된 도구입니다.

2. Zoom의 화면 구성 살펴보기

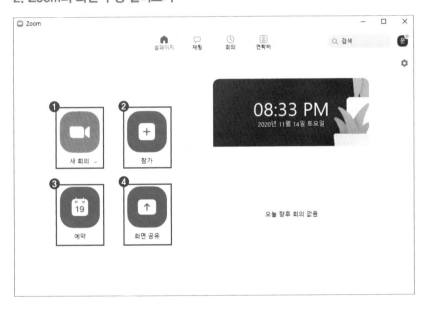

- ❶ **새 회의** : 새 회의 시작합니다.
- ❷ **참가** : 회의 ID와 개인 링크 통해 회의 참석합니다.
- ❸ **예약** : 새 회의 날짜와 시간 미리 계약합니다.
- ❹ **화면 공유** : 브라우저, 문서, 사진, 화이트보드 등의 자료를 참가자와 함께 공유하며 회의 진행합니다.

> **Tip** 무료 버전에서 100명의 참가자가 40분 동안 동시에 대화할 수 있으나 한 화면에 49명까지만 볼 수 있기 때문에 호스트가 잘 운영하려면 온라인 회의나 수업을 할 때 참가자를 49명으로 제한하는 것이 좋습니다.

❶ 크롬(이미지) 웹 브라우저를 실행한 후 검색어 입력 창에 '줌'을 입력하여 검색합니다. 검색 목록 중 'Zoom 회의 - Zoom'(https://zoom.us/ko-ko/meetings)을 클릭합니다.

❷ 가입할 이메일 주소를 입력한 후 [무료 가입절차 시작] 버튼을 클릭합니다.

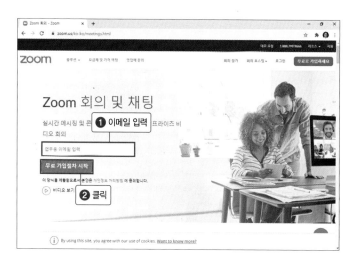

> **Tip** 계정 활성화 메일을 입력한 메일로 Zoom에서 보내기 때문에 반드시 사용자가 사용하는 메일을 입력해야 합니다.

❸ 인증을 위해 생년월일을 설정하고 [계속] 버튼을 클릭합니다. 입력한 이메일을 다시 한 번 확인한 후 아래에 보이는 대로 문자를 입력하고, [확인] 버튼을 클릭합니다.

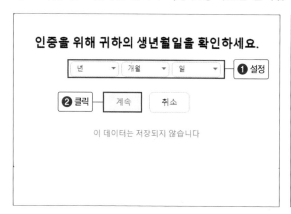

④ Zoom의 개인정보 수집·이용에 대한 동의에 [나는 동의한다] 버튼을 클릭합니다. 입력한 이메일로 확인 링크가 보내집니다.

⑤ 본인의 이메일로 이동하여 [계정 활성화] 버튼을 클릭합니다.

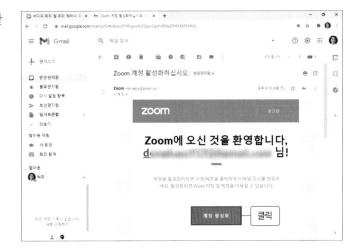

⑥ 사용자 계정이 성공적으로 생성되었습니다. 성과 이름을 입력하고, 반드시 8자 이상의 문자, 숫자, 대문자가 포함된 영문자로 암호를 입력하고, 한 번 더 암호를 입력한 후 [계속] 버튼을 클릭합니다.

❼ 동료들 이메일을 입력합니다. 무료 계정을 만들 수 있는 초대 메시지를 보낼 수 있으나 보내지 않고 [이 단계 건너뛰기] 버튼을 클릭합니다.

❽ 사용자 계정이 생성되면서 개인 회의 URL이 만들어졌습니다. [지금 회의 시작] 버튼을 클릭해서 화상회의를 시작할 수 있습니다.

Tip 설정

계정 아이콘(●)을 클릭한 후 본인 이름을 클릭하고, 왼쪽 메뉴 중 [설정]을 클릭합니다. [대기실]을 활성화하여 참가자를 대기실에 대기시킨 후 호스트가 개별 수락 후에 회의에 참여할 수 있게 설정하거나, 채팅이나 비공개 채팅 허용, 회의 중 파일 전송이 가능하도록 설정할 수 있습니다.

❶ 오른쪽 상단 메뉴 중 [리소스]–[Zoom 클라이언트 다운로드]를 클릭합니다.

❷ 다운로드 센터 창에서 회의용 Zoom 클라이언트의 [다운로드] 버튼을 클릭합니다. 설치 파일이 다운로드되면 클릭하여 설치합니다.

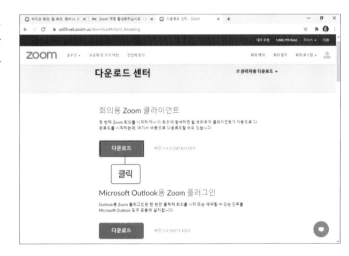

❸ 설치가 완료되면 자동으로 Zoom 프로그램이 실행됩니다. 회의 호스트(선생님)인 경우에는 [로그인] 버튼을 클릭합니다.

Tip 설치가 완료되면 바탕화면에 [Zoom(🖥)] 아이콘이 생성됩니다. Zoom을 실행하려면 [Zoom(🖥)] 아이콘을 더블클릭합니다.

④ Zoom 클라우드 회의에 로그인하기 위해 Zoom에 가입한 이메일과 비밀번호를 입력하고 [로그인] 버튼을 클릭합니다.

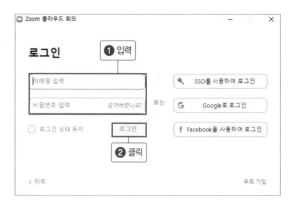

⑤ Zoom 클라이언트 PC용 프로그램이 실행되었습니다.

⑥ 스마트폰의 [Play 스토어] 앱(▶)을 터치하여 'zoom'을 검색하여 설치합니다. [열기] 버튼을 클릭하여 실행한 후 호스트(선생님)는 [로그인]을 클릭하여 Zoom 계정으로 로그인하고, 참가자(학생)는 [회의 참가] 버튼을 클릭하여 회의에 참석합니다.

1. 새 회의(수업) 만들기

① Zoom 클라우드 PC용 프로그램에서 [새 회의]를 클릭합니다.

② 처음 Zoom 회의를 시작할 때 스피커 및 마이크 테스트를 거쳐야 합니다. 오디오 연결 창에서 '스피커 및 마이크 테스트'를 클릭합니다.

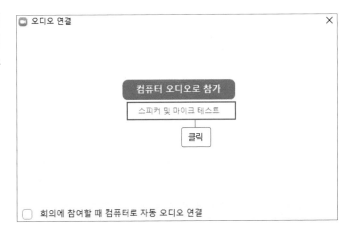

③ 벨소리가 들리면 [예] 버튼을 클릭합니다. 말을 해보고 중지해본 후 말소리가 들리는지 확인하고 [예] 버튼을 클릭합니다.

❹ '스피커 및 마이크 상태가 양호합니다.' 창에서 [컴퓨터 오디오로 참가] 버튼을 클릭합니다. 다음부터 회의 참가 시에 컴퓨터로 자동으로 오디오가 연결될 수 있도록 '오디오 연결' 창에서 '회의에 참여할 때 컴퓨터로 자동 오디오 연결'에 체크하고 [컴퓨터 오디오로 참가] 버튼을 클릭합니다.

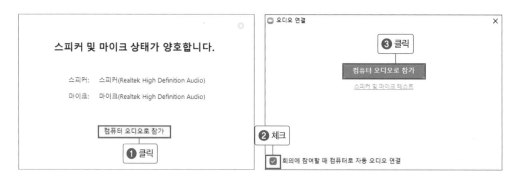

❺ '컴퓨터 오디오 사용 중입니다'라는 메시지가 나타나고, 웹캠을 통해 내 모습이 나타납니다.

❻ 하단의 컨트롤 도구 중 [참가자(🧑)]를 클릭하면 오른쪽에 참가자 창이 나타납니다. 회의를 종료하려면 컨트롤 도구 중 [종료]-[모두에 대해 회의 종료]를 클릭합니다.

Tip 컨트롤 도구 중 [참가자(🧑)]에 표시된 숫자는 현재 회의에 참석한 인원의 숫자를 표시합니다.

2. 회의 예약하고 참가자 초대하기

❶ 회의(수업)를 예약하기 위해 [예약]을 클릭합니다.

❷ 주제를 입력하고, 시작에서 회의 날짜와 시간을 설정합니다. 회의 ID는 '자동으로 생성', 보안에서 암호를 참가자가 쉽게 접속할 수 있게 'a1234'로 변경합니다. '대기실'도 체크합니다. 캘린더는 'Google 캘린더'로 설정합니다. '고급 옵션'을 클릭하여 '입장 시 참가자 음소거'에 체크하고 [저장] 버튼을 클릭합니다.

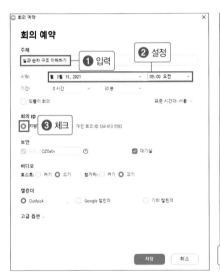

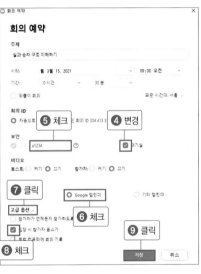

> **Tip** '고급 옵션'을 클릭하여 '입장 시 참가자 음소거'에 체크하지 않으면 많은 참가자(학생)가 수업에 참가하면서 마이크 소음으로 회의(수업) 진행이 어렵습니다. 발표자만 마이크를 켜고 참가자는 필요시에만 마이크를 켜는 것이 좋습니다.

❸ 개설한 회의(수업)를 알리기 위해 첫 화면에서 [회의] 탭을 클릭합니다.

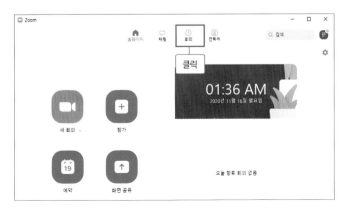

④ 호스트(선생님)가 개설한 수업이 표시됩니다. [시작] 버튼을 클릭합니다.

⑤ [다른 사람 초대]를 클릭합니다. '회의에 사람들을 초대합니다' 창이 나타나면 [이메일] 탭을 클릭하고, 초대를 보낼 이메일 서비스 중 [Gmail]을 선택합니다.

⑥ Gmail이 열리고, 제목과 내용이 입력되어 있습니다. 내용에는 회의 참가 링크, 회의 ID, 암호를 포함하고 있습니다. 회의(수업) 참여를 독려할 사람의 이메일 주소를 입력하고 [보내기] 버튼을 클릭합니다.

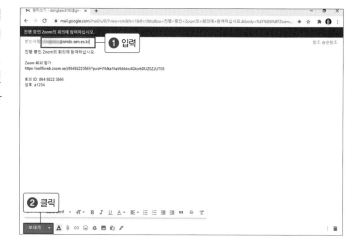

3. 회의 참가하고, 대기실에 있는 사람들을 한번에 수락하기

① 회의 참가 초대 메시지를 받은 사람(학생)은 스마트폰의 Gmail 앱에서 받은 메시지를 엽니다. 회의 참가 링크를 클릭하면 바로 Zoom 앱으로 이동합니다. 이름 입력 창에 이름을 입력하고 [확인]을 터치합니다. 대기실에서 호스트(선생님)가 수락하길 기다립니다.

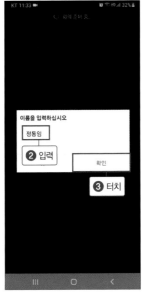

Tip **Zoom 앱(🔵)에서 회의 참가하기**

Zoom 앱(🔵)을 터치하여 실행한 후 [회의 참가] 버튼을 터치합니다. 호스트(선생님)가 알려준 회의 ID와 이름을 입력하고 [참가] 버튼을 터치합니다. 회의 암호 창에 암호를 입력하고 [확인]을 터치합니다.

② 호스트(선생님) PC Zoom 회의 화면에 '대기실에 입장했습니다'라는 안내 메시지가 나타나면 [보기]를 클릭합니다.

③ 오른쪽 참가자 창에 참가자(학생)들이 대기실에 대기해 있습니다. 호스트(선생님)인 발표자 얼굴을 보이게 하기 위해 컨트롤 도구에서 [비디오 시작(▧)]을 클릭합니다.

④ 호스트(선생님) 얼굴이 화면에 나타납니다. 참가자(학생)들에게 메시지를 보내기 위해 오른쪽 참가자 창에서 [메시지]를 클릭합니다. 아래쪽의 '여기에 메시지 입력'에 메시지를 입력하고 Enter↵ 키를 눌러 모든 참가자(학생)에게 전달하면 참가자(학생)의 Zoom 앱에서 메시지를 확인할 수 있습니다. [모두 수락]을 클릭하여 회의 참석을 수락합니다.

▲ 호스트(선생님) PC

▲ 참가자(학생) 스마트폰

⑤ 참가자들이 회의에 참석하면서 상단에 참석자들이 화상으로 연결됩니다. 현재 발표자 얼굴이 한 화면에 크게 보입니다. [보기]를 클릭하여 [갤러리 보기]로 변경합니다.

⑥ 화면을 갤러리 보기로 전환하면 화면을 분할하여 전체 참가자를 볼 수 있습니다.

⑦ [보기]를 클릭하여 [전체 화면으로 보기]로 전환하면 전체 화면으로 꽉 채워서 볼 수 있습니다.

⑧ 회의(수업) 중 특정 참가자(학생)에게 발표를 시키려면 특정 참가자를 선택하여 [더 보기(⋯)]를 클릭한 후 [모두에게 추천]을 클릭합니다.

⑨ 모든 고정된 비디오가 취소된다는 경고 창에서 [계속] 버튼을 클릭합니다.

⑩ 발표할 참가자(학생)가 화면에 크게 나타납니다. 발표할 참가자(학생)를 바꿔가면서 회의(수업)를 진행할 수 있습니다.

Tip 스마트폰의 Zoom 앱에서 처음으로 회의에 참가할 때는 오디오와 카메라를 허용해야 마이크와 카메라가 작동하여 정상적으로 화상회의에 참석할 수 있습니다. 한 화면에서는 발표자 얼굴만 볼 수 있고, 작게 본인의 얼굴을 볼 수 있습니다. 전체 참가자를 보려면 화면을 드래그해서 다음 페이지로 이동합니다.

1. 회의 중 채팅과 파일 보내기

① 컨트롤 도구 중 [보기]-[채팅]을 클릭
합니다.

> **Tip** PC 해상도에 따라 컨트롤 도구가 모두 보이
> 지 않으면 [더 보기]-[채팅]을 클릭할 수 있습니다.

② 채팅 창에서 받는 사람을 '모두'로 설정하고, 메시지를 입력한
후 [Enter↵] 키를 누르면 참가자 모두에게 채팅 내용이 전송됩니다.

③ 특정 참가자와만 채팅을 하기 위해 받는 사람을 특정 참가자
로 설정합니다. 받는 사람이 특정인으로 설정되었고, 'DM'으로 표
시된 것을 볼 수 있습니다. 여기에서 메시지 입력 부분에 내용을
입력하고 [Enter↵] 키를 눌러 특정인에게만 비공개로 메시지를 보냅
니다.

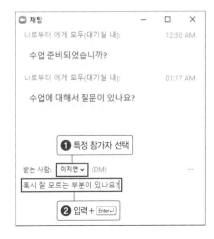

④ 특정인의 스마트폰의 Zoom 앱에 비공개 메시지가 전달되었다고 메시지가 옵니다.

⑤ 답글을 보내기 위해 화면을 터치하면 하단에 컨트롤 도구가 나타납니다. [더 보기]-[채팅]을 터치합니다.

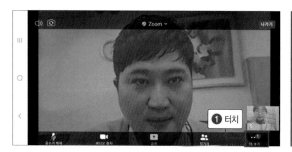

⑥ 채팅 화면에서 보낼 대상을 호스트(선생님)로 설정하고, 답글을 입력한 후 [전송]을 터치합니다.

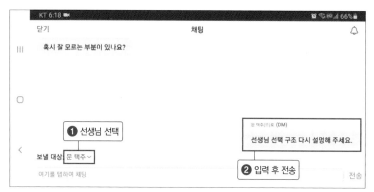

▲ 참가자(학생) 스마트폰

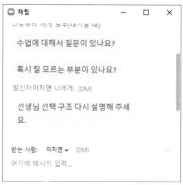

▲ 호스트(선생님) PC

❼ 회의(수업) 참가자에게 파일을 공유하기 위해 호스트(선생님) PC Zoom 프로그램의 채팅 창에서 받는 사람을 '모두'로 설정하고, [파일(📄)]-[내 컴퓨터]를 클릭합니다.

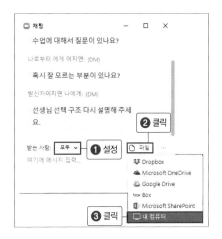

❽ [열기] 대화상자에서 '온라인 수업\예제파일\엔트리.pdf'를 선택한 후 [열기] 버튼을 클릭합니다.

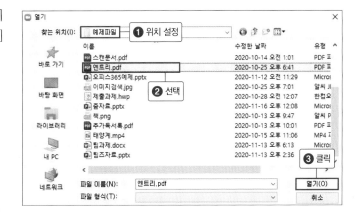

❾ 파일이 전송이 되었다는 메시지가 나타난 후 업로드된 파일이 보입니다. 회의(수업)에 참가한 모든 참가자는 파일을 다운로드할 수 있습니다.

Tip **전송받은 파일 다운로드하기**

스마트 기기의 Zoom 앱에서는 파일을 다운로드하는 기능이
없습니다. 참가자도 반드시 PC용 프로그램을 사용해야 다운
로드할 수 있습니다. 채팅 창에서 파일이 전송되면 업로드된
파일 아래에 [다운로드]가 표시됩니다. [다운로드]를 클릭하여
다운로드하면 '파일 열기'를 클릭하여 해당 파일을 열 수 있
습니다.

2. 화면 공유하기

❶ 컨트롤 도구의 [화면 공유(⬆)]를 클
릭합니다. 현재 화면에 열려 있는 프로그
램이 모두 나타납니다.

❷ 미리 열어둔 파워포인트 수업 자료를
선택하고 [공유] 버튼을 클릭합니다.

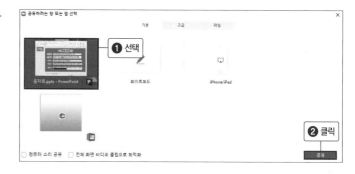

❸ 파워포인트 수업 자료를 보면서 수업을 진행할 수 있습니다. 참가자(학생)는 스마트폰에서 자료를 보면서 수업을 받을 수 있습니다. 화면 공유를 중지하려면 [공유 중지]를 클릭합니다.

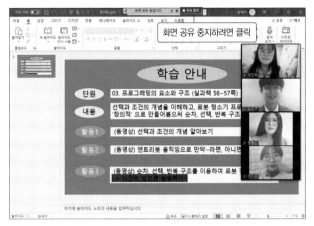

▲ 호스트(선생님) PC

▲ 참가자(학생) 스마트폰

❹ 화면의 일부분만 공유하기 위해 컨트롤 도구의 [화면 공유(🔼)]를 클릭한 후 [고급] 탭을 클릭합니다. [화면 일부]를 선택하고, [공유] 버튼을 클릭합니다.

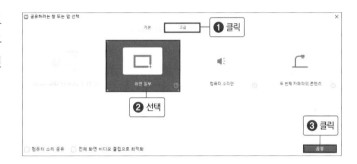

❺ 연두색 박스를 슬라이드 창 크기에 맞춰 조절합니다. 참가자(학생) 스마트폰에서 볼 때는 슬라이드 쇼처럼 보입니다. 같은 방법으로 다른 프로그램도 일부분만 공유하여 회의(수업)를 진행할 수 있습니다.

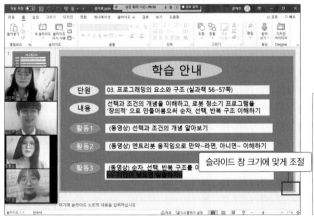

▲ 호스트(선생님) PC

▲ 참가자(학생) 스마트폰

❻ 화이트보드를 화면에 공유하기 위해 컨트롤 도구 [화면 공유(⬆)]의 기본에서 [화이트보드]를 클릭합니다.

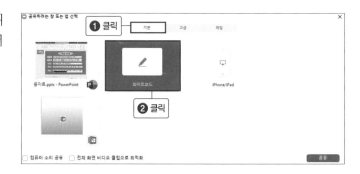

❼ 주석 도구에서 [텍스트]를 선택하면 텍스트 상자에 글을 입력하여 설명할 수 있습니다.

❽ 주석 도구에서 [그리기]를 클릭하고, [형식]에서 색상을 선택하여 화면에서 드래그하여 그립니다. 주석 도구를 사용하여 칠판처럼 사용할 수 있습니다. 호스트(선생님)가 설명하는 내용을 참가자(학생) 스마트폰에서 볼 수 있습니다.

▲ 호스트(선생님) PC

▲ 참가자(학생) 스마트폰

Q&A **Zoom에서 발표 자료 내용을 기록해서 수업 자료로 사용하고 싶어요!**

Zoom에서는 수업 영상을 기록할 수도 있고, 수업 자료를 화면 공유하여 수업한 내용도 기록할 수 있습니다. 컨트롤 도구에서 [더 보기]−[기록]을 클릭하면 수업 내용을 그대로 기록할 수 있습니다. 중지하려면 Alt+R 키를 눌러서 중지해야 합니다. 회의 나가기를 하여 회의가 종료된 이후에 동영상 파일로 저장됩니다.

❶ 썸네일 비디오가 안보이게 [썸네일 비디오 숨기기(▬)]를 클릭하여 숨김하고, 마우스를 상단으로 가져가면 컨트롤 도구가 보입니다. [더 보기]−[기록]을 클릭합니다.

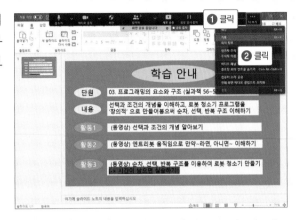

❷ 기록이 시작됩니다. 수업을 계속 진행하다가 수업을 끝내려면 Alt+R 키를 눌러 기록을 중지합니다. 화면 공유도 중지하기 위해 [공유 중지]를 클릭합니다.

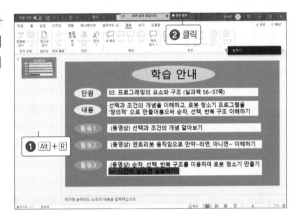

❸ 바로 동영상 파일로 저장되지 않습니다. 컨트롤 도구의 [종료]−[모두에 대해 회의 종료]를 클릭합니다. 회의가 종료되면 바로 파일 저장이 시작됩니다. 저장이 완료되면 저장 폴더가 열려서 저장 파일을 확인할 수 있습니다.

밴드 라이브로 온라인 수업하기
자료실로만 썼던 밴드가 아니다!

밴드는 그룹 멤버와 함께하는 공간으로 주로 동호회나 주제별 모임으로 많이 이용하였습니다. 밴드 앱은 다른 어떤 프로그램보다 온라인 수업에 적합한 앱으로 발전하였습니다. 라이브 방송으로 실시간 수업을 할 수 있고, 방송 종료 후에는 바로 영상을 게시글로 업로드하여 수업을 듣지 못한 학생들에게 수업을 들을 수 있는 기회를 마련해 줍니다. 또한 수업 중에도 메시지로 질문하고 답할 수 있고, 채팅 기능이 따로 있어서 반 전체 학생과 그룹콜로 음성 채팅을 할 수도 있으며, 얼굴을 보면서 화상 채팅도 가능합니다. 밴드 앱에 대한 여러 가지 기능에 대해서 알아보겠습니다.

■ **예제파일** : 순차구조.mp4, 선택구조.mp4, 제출과제.hwp

▲ 학급 운영 밴드

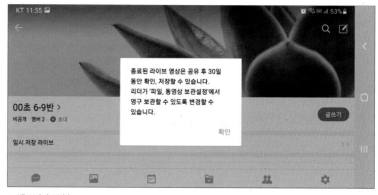

▲ 밴드 라이브 방송

밴드는 네이버에서 제공하는 무료 서비스로 누구나 쉽게 사용할 수 있습니다. 글쓰기로 라이브 방송이 가능하고 초대받은 멤버들만 공유할 수 있어 학습 운영 공간으로 활용하기에 적합하고 출석 체크, 과제 공유, 게시판, 채팅 등의 기능이 가능해서 수업을 관리하고, 선생님과 학생 간의 원활한 소통이 가능한 온라인 수업 도구입니다.

1. 밴드의 특징

- 13세 미만 사용자도 사용 가능하고, 스마트 기기와 PC에 모두 설치할 수 있어 누구나 쉽게 무료 가입해서 사용할 수 있습니다.
- 개설한 밴드를 비공개로 설정하면 공개적으로 검색되지 않고 가입할 수 없어서 우리 반 학생들끼리만 수업 영상과 학사 일정을 공유할 수 있습니다.
- 13세 미만 학생이 가입하면 자동으로 공개 밴드 검색과 탐색 기능이 제외되어서 더욱 안전하게 온라인 수업을 들을 수 있습니다.
- 밴드 글쓰기의 [라이브 방송] 버튼 클릭으로 손쉽게 라이브 방송을 할 수 있습니다.
- 라이브 방송 진행 후에 라이브 방송을 게시글에 등록하면 댓글을 이용해서 학생들에게 Q&A를 받을 수 있습니다.
- 사진, 동영상, 문서, 음성, 멀티미디어 파일 등을 첨부 파일로 등록할 수 있어서 다양한 형태의 숙제를 제출하고 관리할 수 있습니다.
- 출석 시간을 설정할 수 있어서 수업시간마다 출석을 체크할 수 있습니다.
- 밴드 글쓰기에서 예약 글쓰기가 가능하여 미리 수업 콘텐츠를 만들고 정해진 시간에 오픈할 수 있습니다.
- 밴드 게시글에 올린 동영상이나 이미지 등의 콘텐츠 저장 여부를 설정할 수 있어서 수업 게시물의 저작권도 보호할 수 있습니다. 콘텐츠 저장을 비허용할 경우 콘텐츠 다운로드와, '다른 밴드 올리기' 기능이 제한됩니다.

2. 밴드의 화면 구성 살펴보기

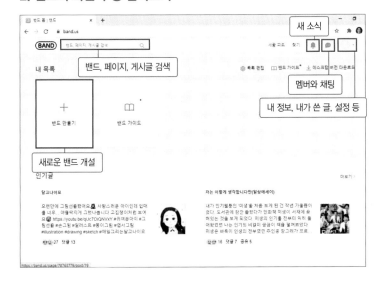

❶ 크롬() 웹 브라우저를 실행한 후 밴드(www.band.us)에 접속합니다. 이미 가입되어 있는 경우에는 [로그인하기]를 클릭하여 로그인하고, 네이버 계정이 있는 경우에는 [네이버 가입]을 클릭합니다.

> **Tip** 휴대폰 번호 또는 이메일로 가입
>
> 휴대폰 번호 또는 이메일로 가입하려면 휴대폰 번호나 이메일, 비밀번호, 이름, 생년월일을 입력한 후 [회원가입] 버튼을 클릭합니다. 휴대폰 번호나 이메일로 받은 본인 확인 인증번호를 입력하여 가입을 완료합니다.

❷ 네이버 아이디와 비밀번호를 입력하고 [로그인] 버튼을 클릭합니다.

❸ 밴드 서비스를 이용하기 위해 이용약관과 개인정보처리 방침에 동의하기 위해 [동의하기] 버튼을 클릭합니다.

④ 본인의 생년월일을 설정한 후 선택 항목을 제외한 나머지 항목에 체크하고 [밴드 시작하기] 버튼을 클릭합니다.

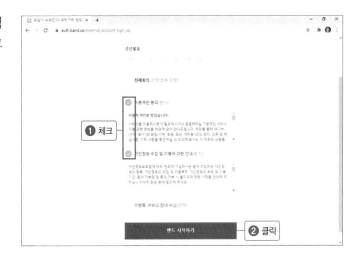

⑤ 밴드 가입이 완료되었습니다.

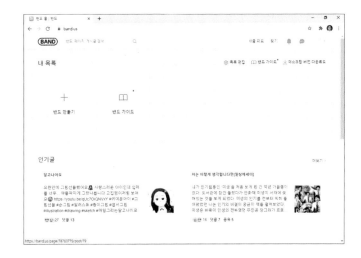

Tip **데스크톱 버전 다운로드**

PC용 프로그램을 다운로드한 후 설치하기 위해 오른쪽 상단의 [데스크탑 버전 다운로드]를 클릭한 후 사용자 PC 사용환경에 맞는 프로그램의 [다운로드] 버튼을 클릭합니다. 다운로드된 실행 파일을 클릭하여 절차에 따라 설치하면 PC용 프로그램이 자동 실행됩니다. 가입한 계정으로 로그인하여 PC에서 바로 로그인하여 밴드에 접속할 수 있습니다.

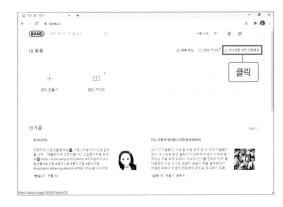

1 스마트폰의 [Play 스토어] 앱(▶)을 터치하여 '밴드'를 검색하여 설치합니다. [열기] 버튼을 터치하여 실행한 후 [로그인하기]를 터치하여 가입 계정으로 로그인합니다.

2 프로필 작성 화면이 나타나면 [📷]를 터치하여 프로필 사진을 삽입하고, [✏]를 터치하여 이름을 밴드에서 사용할 이름으로 변경합니다. 성별, 전화번호도 입력한 후 [완료] 버튼을 터치합니다. 밴드가 실행됩니다.

 프로필 수정

PC의 웹에서 밴드에 접속하거나 PC용 밴드 프로그램에서는 프로필을 수정할 수 없습니다. 프로필에 사진이나 이름 등을 수정하려면 스마트 기기의 밴드 앱에서 수정해야 합니다.

1. 밴드 만들고 초대하기

❶ 밴드 홈에서 [밴드 만들기]를 클릭합니다.

❷ 만들고 싶은 모델 선택에서 [학교, 동아리]를 클릭합니다.

❸ 밴드 이름 입력에 수업명이나 학급명을 입력하고, 학급에서만 운영하기 위해 밴드 공개는 '비공개 밴드'에 체크하고 [완료] 버튼을 클릭합니다.

> **Tip** 밴드 공개
> • **비공개 밴드** : 밴드와 게시글이 공개되지 않고, 초대를 통해서만 가입할 수 있습니다.
> • **밴드명 공개 밴드** : 누구나 밴드를 검색해서 소개글은 볼 수 있으나 밴드 게시글은 멤버만 볼 수 있습니다.
> • **공개 밴드** : 누구나 밴드를 검색해서 소개글과 게시글을 볼 수 있습니다.

❹ 비공개 밴드가 만들어졌습니다. 멤버를 초대하기 위해 [초대]를 클릭한 후 [초대링크 공유하기]를 클릭합니다. 링크 공유하기 창에 공유할 수 있는 링크가 생성되면 [URL 복사] 버튼을 클릭하여 복사한 후 초대할 사람의 메일이나 메신저로 복사한 링크를 보냅니다.

Tip 📢 **QR코드로 초대하기**

멤버 초대에서 [QR코드]를 클릭하면 QR 초대장 창이 나타납니다. [QR 코드만 저장] 버튼을 클릭하여 QR코드를 저장하여 인쇄물에 넣어서 초대하거나 메일이니 메신저로 보내서 초대합니다.

---

❺ 스마트폰에서 밴드 초대 메일을 받은 사람은 링크를 클릭합니다. 밴드 앱이 실행되고 로그인하면 밴드 초대장이 보입니다. [수락] 버튼을 터치하고, 가입할 밴드를 확인한 후 [가입하기] 버튼을 터치합니다.

2. 라이브 방송하기

❶ 선생님께서 실시간으로 수업을 진행
하기 위해 [전체글] 탭의 글쓰기 창의 도
구 모음에서 [라이브 방송()]을 클릭
합니다.

❷ 라이브 방송을 처음 시작하면 안내창
의 내용을 읽은 후 [확인] 버튼을 클릭합
니다. PC에서 밴드 라이브 방송을 시작
하려면 인코더를 설치해야 하고 복잡합
니다. 인코더 가이드를 보기 위해 [인코
더 사용 가이드]를 클릭합니다.

❸ 인코더에 대한 설명을 읽어보고, 인
코더를 선택하여 설치할 수 있으나 좀 더
간편한 방송을 하려면 밴드 앱을 사용하
라고 되어 있습니다.

④ 인코더 설치 없이 간편하게 라이브 방송을 진행하기 위해 스마트폰의 밴드 앱을 실행하여 로그인합니다. 새로 만든 밴드에서 [글쓰기]를 터치하고 [라이브 방송()]을 터치합니다.

⑤ 밴드 라이브 방송의 안내 사항을 읽고 [확인] 버튼을 터치합니다. '여기를 눌러 소개글을 작성하세요' 부분을 터치하여 '실과 1교시'라고 입력한 후 [완료]를 터치합니다. 라이브 방송을 시작하기 위해 [라이브 방송 시작] 버튼을 터치합니다.

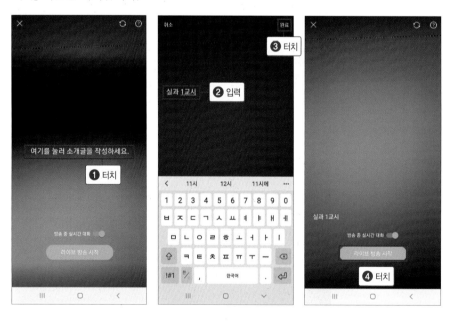

3. 라이브 방송 참여하기

❶ 밴드 라이브 방송은 스마트폰에서 가로 모드만 지원되기 때문에 라이브 방송이 시작되면 가로 모드로 전환하라고 알림이 표시됩니다. 스마트폰을 가로로 회전합니다. 학생 PC의 밴드에 라이브 방송이 시작되면 알림이 옵니다. [🔔]를 클릭한 후 알림 내용을 클릭합니다.

▲ 선생님 스마트폰의 밴드 앱

▲ 학생 PC의 웹에서의 밴드

Tip 라이브 방송 화면 구성

라이브 방송은 밴드나 페이지별로 동시에 1개만 할 수 있고, 라이브 방송 시간은 2시간으로 제한됩니다.

❶ 라이브 방송 완료
❷ 방송 시간
❸ 메시지 창
❹ 메시지 보이기/숨김
❺ 카메라 켜기/끄기
❻ 마이크 켜기/끄기
❼ 카메라 전면/후면 전환
❽ 필터
❾ 밝기
❿ 주소 복사/시청 중인 멤버 보기

❷ 학생이 라이브 수업에 참여하게 됩니다. 오른쪽 채팅 창에 선생님께 메시지를 입력한 후 [▶]를 클릭하여 전송합니다.

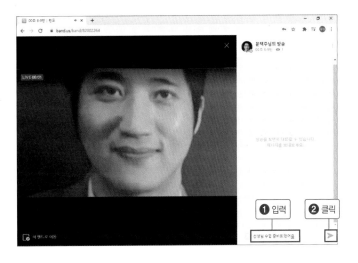

❸ 선생님 스마트폰의 밴드 앱에 학생의 메시지가 전송되어 선생님께서 확인합니다. 답글을 보내려면 메시지 입력에 내용을 입력할 수 있습니다.

Tip 메시지 고정하기

중요한 메시지의 경우에는 위치를 고정해서 많은 메시지를 주고받아도 고정된 메시지를 볼 수 있게 하는 기능이 있습니다. 중요한 메시지를 선택한 후 팝업 메뉴에서 [메시지 고정]을 터치합니다. 그러면 선택한 메시지가 고정됩니다.

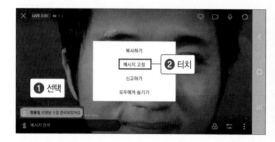

❹ 라이브 방송을 종료하기 위해 [✕]를 터치하고 [라이브 방송 종료]를 터치합니다.

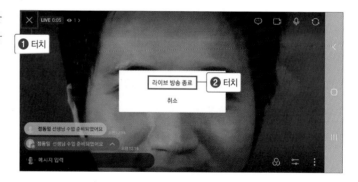

❺ 라이브 방송을 종료하면 휴대폰에 저장하거나 게시글로 공유할 수 있습니다. 게시글에 등록하기 위해 [게시글로 공유]를 터치합니다.

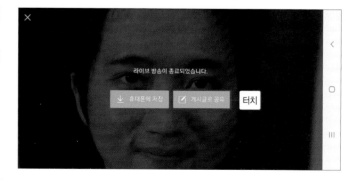

⑥ 종료된 라이브 영상은 공유 후 30일 동안만 확인할 수 있다는 안내창에서 [확인]을 터치합니다.

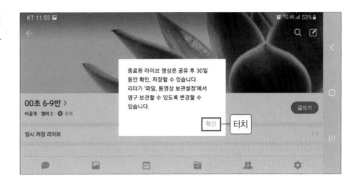

Tip 게시한 라이브 영상을 영구 보관하려면 밴드를 만든 선생님께서 '파일, 동영상 보관설정'에서 영구 보관으로 설정을 변경해야 합니다.

⑦ 수업을 듣지 못한 학생이 밴드에 로그인하면 게시글에 등록된 라이브 영상을 볼 수 있습니다. 라이브 영상을 클릭하면 녹화된 라이브 영상을 시청할 수 있습니다.

1. 사전에 준비한 수업 동영상 공유하고 수업 진도율 체크하기

❶ 미리 준비해 둔 동영상을 공유하기 위해 우리 반 밴드 홈에서 [글쓰기]를 터치하고, [사진/동영상]을 터치합니다. 첨부할 동영상을 길게 누른 후 [첨부]를 터치하고 [그냥 올리기]를 선택합니다.

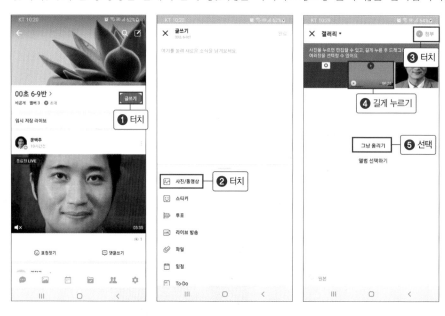

❷ 가상 키보드를 터치하여 수업 내용을 입력한 후 [완료]를 터치합니다. 수업 동영상이 업로드되었습니다. 학생들의 수업 진도율을 체크하기 위해 업로드한 영상을 터치합니다. 영상 바깥쪽을 터치한 후 [⋮]를 터치하고 [재생한 멤버 보기]를 터치합니다.

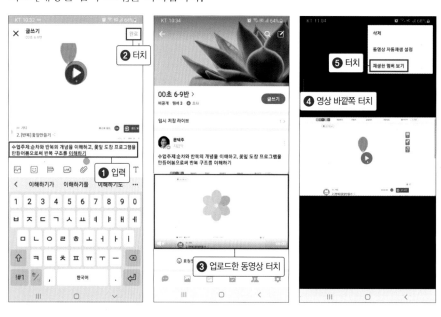

❸ 재생한 멤버 화면의 [재생] 탭에서 각 멤버(학생)의 수업 진도율을 확인할 수 있습니다. [보지 않음] 탭을 터치하면 아직 수업 영상을 보지 않은 학생을 확인할 수 있습니다. 영상을 보지 않은 멤버(학생)를 선택합니다. 아래쪽의 메시지 입력에 '수업 꼭 보세요.'라는 메시지를 입력하여 전송합니다.

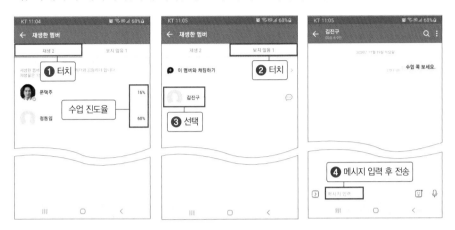

❹ 업로드된 수업 영상을 보지 않은 학생에게 메시지가 전송되면 밴드 알림 창에서 학생은 메시지를 확인할 수 있습니다. 영상을 보기 위해 업로드된 영상을 클릭합니다.

❺ 영상 아래쪽의 [ ]를 클릭하고 [내 재생률 보기]를 클릭하면 해당 학생의 수업 진도율을 확인할 수 있습니다.

2. 온라인 수업 영상을 예약하여 미리 올리기

❶ 우리 반 밴드 홈에서 [글쓰기]를 터치하고, [사진/동영상]을 터치합니다. 첨부할 동영상을 길게 누른 후 [첨부]를 터치하고 [그냥 올리기]를 선택합니다.

❷ 글 내용을 입력하고, [[ooo]]을 터치한 후 [글쓰기 설정]을 선택합니다. [예약시간 설정]을 터치하고, 날짜 와 시간 부분을 각각 터치하여 영상을 올릴 날짜와 시간을 설정한 후 [확인]을 터치합니다. 글쓰기 창에서 글 을 업로드하기 위해 [완료]를 터치합니다.

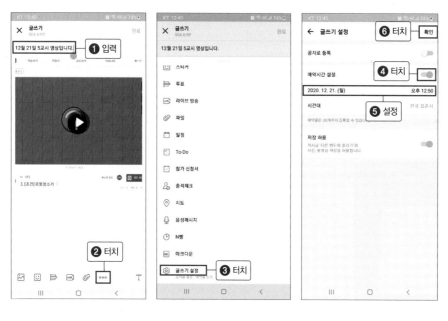

❸ 우리 반 밴드 홈에 '예약된 게시글'로 표시됩니다. [예약된 게시글]을 터치하면 업로드한 글을 볼 수 있습니다. 예약된 날짜의 시간에 맞게 영상이 업로드됩니다.

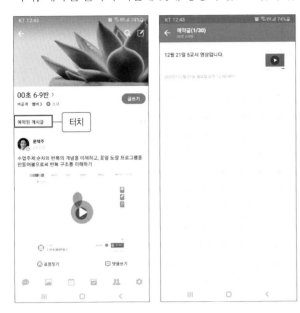

3. 출석 체크 기능을 활용하여 내 수업에 참여한 학생 체크하기

❶ 우리 반 밴드 홈에서 [글쓰기]를 터치하고, [출석체크]를 터치합니다. 언제 출석 체크를 할지 내용을 입력하고 [출석 멤버]를 터치합니다.

❷ [멤버 선택]을 터치하고, 선생님을 제외한 모든 학생을 체크한 후 [선택]을 터치합니다. 시작일 설정에서 날짜와 시간을 실제 출석할 날짜와 시간으로 설정하고 [첨부]를 터치합니다.

❸ 글쓰기를 업로드하기 위해 [완료]를 터치합니다. 출석 체크 글이 업로드되었고, 시간이 지나 출석을 체크 할 시간이 되면 학생들이 출석을 체크하고 댓글이 달립니다.

4. 비밀 댓글을 활용하여 과제 수합하기

① 선생님만 제출한 과제를 볼 수 있도록 비밀 댓글로 과제를 수합할 수 있습니다. 우리 반 밴드 홈 하단의 [⚙] 을 터치한 후 [밴드 설정]을 터치합니다. [비밀 댓글 사용]을 터치하여 '비밀 댓글 사용'을 활성화하고, 이전 화면으로 이동하면 '꺼짐'이 '켜짐'으로 활성화됩니다.

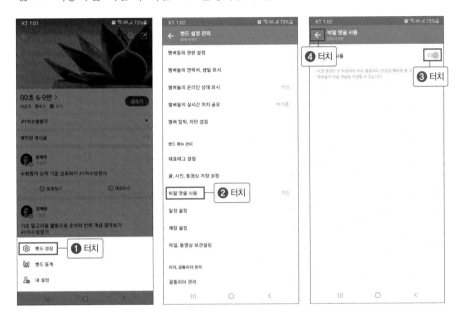

② 비밀 댓글 사용이 켜졌으면 다시 우리 반 밴드 홈으로 이동하여 [글쓰기]를 터치합니다. 비밀 댓글로 과제를 제출하라는 내용을 입력하고 [완료]를 터치합니다. 해당 게시글을 공지로 등록하기 위해 [⋮]를 터치하고 [공지로 등록]을 터치합니다.

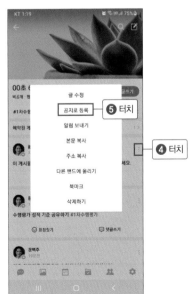

③ 공지 설정 화면에서 [공지로 등록]을 터치하여
활성화하고 [확인]을 터치하면 해당 게시글이 '공
지사항'이 되었습니다.

④ 학생 PC의 밴드에서 공지사항이 게시
됨을 확인할 수 있습니다. 과제를 제출하
기 위해 공지사항을 클릭합니다.

⑤ 파일을 첨부하기 위해 댓글 앞의 [⊕]를 클릭하고 [파일 선택]을 클릭합니다. [열기] 대화상자에서 '온라
인 수업\예제파일\제출과제.hwp'를 선택한 후 [열기] 버튼을 클릭합니다.

⑥ 댓글을 입력하고 비밀 댓글로 제출하기 위해 [🔒]를 클릭하고, 비밀 댓글로 설정되었다는 안내 창에서 [확인] 버튼을 클릭합니다. [보내기] 버튼을 클릭하여 과제를 비밀 댓글로 제출합니다.

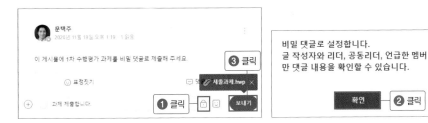

⑦ 선생님 밴드 앱에서 과제를 제출한 학생의 댓글과 제출과제를 확인할 수 있습니다.

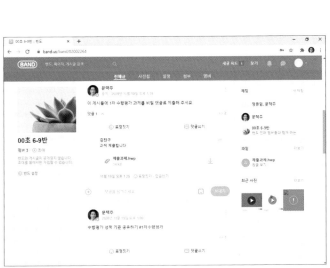

▲ PC에서 제출한 학생

▲ 선생님 밴드 앱

Tip 비밀 댓글

선생님과 제출한 학생을 제외한 다른 학생의 밴드 앱에서는 과제를 확인할 수 없고, 비밀 댓글로 표시됩니다.

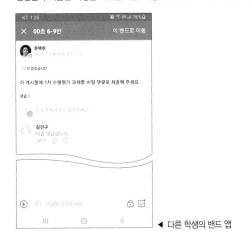

◀ 다른 학생의 밴드 앱

5. 그룹콜 기능으로 음성 채팅하기

❶ 채팅 기능을 사용하면 반 전체가 채팅을 할 수도 있고, 개인끼리 채팅을 주고받을 수도 있습니다. 밴드에서는 채팅을 비공개로 설정하고 음성 채팅이나 화상 채팅을 할 수도 있습니다. 우리 반 밴드 홈 하단의 [💬]를 터치하고, 오른쪽 상단의 [➕]를 터치하여 [비공개 대화하기]를 터치합니다. 채팅할 멤버를 선택하고 [초대]를 터치합니다.

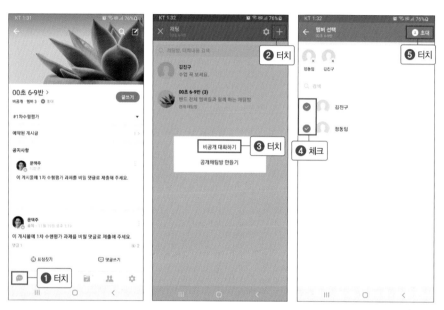

❷ 채팅창에서 [⋮]를 터치하여 [그룹콜]을 터치한 후 보이스콜이나 비디오콜을 선택할 수 있습니다. [보이스콜]을 선택하고, 보이스콜을 시작하겠냐는 창에서 [시작하기]를 터치하면 그룹으로 음성 채팅을 즐길 수 있습니다.

밴드 설정에서 대표태그를 추가해 놓고, 글쓰기할 때 대표태그로 설정한 후 업로드합니다. 대표태그로 설정된 글만 분류해서 보려면 밴드 홈에서 대표태그를 터치하면 해당 글들만 분류해서 볼 수 있습니다.

❶ 밴드 홈 하단의 [⚙]을 터치한 후 [밴드 설정]−[대표태그 설정]을 터치합니다. [대표태그 추가]를 터치하여 예를 들어 '#1차 수행평가'라고 입력하고 [완료]를 터치합니다.

❷ 글쓰기 창에서 글을 입력한 후 '#태그 선택'을 터치하여 추가해 놓은 대표태그를 선택하고 [완료]를 터치합니다. 같은 방법으로 대표태그를 추가하여 글을 작성한 후 나중에 대표태그만 분류해서 보고 싶을 때 밴드 홈의 상단에서 분류해서 보고 싶은 대표태그 하나를 선택합니다. 해당하는 대표태그 글만 모아볼 수 있습니다.

▲ 대표태그 설정하여 글쓰기　　▲ 선택한 대표태그 글판 모아보기

카카오톡 라이브로 온라인 수업하기
카카오톡에 이렇게 많은 기능이?

스마트폰을 가지고 있는 사람이라면 누구나 사용하는 카카오톡을 온라인 수업에 활용하는 방법을 알아봅니다. 톡게시판의 투표 기능으로 출석 체크를 하고, 톡캘린더로 학사 일정을 공유할 수 있으며, 라이브톡을 이용해 실시간 수업 진행도 가능합니다.

■ 예제파일 : 로고.jpg

▲ 온라인 교실 채팅방

▲ 실시간 온라인 수업 라이브톡

▲ 카카오TV를 이용한 온라인 수업

카카오톡은 채팅 앱으로 사진, 동영상, 연락처 등의 멀티미디어 파일도 간편하게 주고받을 수 있습니다. 이런 기능을 온라인 수업에 활용할 수 있습니다. 그룹 채팅방을 학급반으로 만들 수 있고, 톡 게시판의 투표 기능을 사용하여 출석 체크를 할 수 있습니다. 실시간 수업을 하려면 라이브톡을 사용하고, 녹화 영상은 카카오TV를 통해 제공할 수 있습니다. 다른 앱을 설치할 필요없이 스마트폰을 가진 사람이라면 누구나 사용하는 카카오톡으로 온라인 수업을 진행할 수 있어 선생님과 학생들 모두 쉽게 접근할 수 있습니다.

온라인 수업 활용에 적합한 카카오톡의 특징

- **뛰어난 접근성** : 가장 보편적으로 많이 사용하는 카카오톡 앱을 사용하여 누구나 쉽게 이용할 수 있습니다.
- **비공개성** : 수업 대상인 사람만 초대하여 라이브톡을 진행하기 때문에 라이브톡 내용이 공개되지 않고, 수업에 참여한 사람끼리만 공유할 수 있습니다.
- **출석 체크** : 투표 기능을 사용하여 마감 시간을 설정하면 온라인 교실에 있는 사람들의 출결 사항을 쉽게 파악할 수 있습니다.
- **편한 학습 관리** : 톡게시판의 이미지, 동영상, 문서첨부 기능을 사용하여 학생들의 과제 안내를 할 수 있고, 댓글로 학생들에게 질문을 받고 답할 수 있습니다.
- **실시간 강의** : 라이브톡을 통해 최대 40명까지 제한 시간없이 온라인 수업을 진행할 수 있습니다.
- **채팅의 기록성** : 라이브톡을 하는 동안 있었던 대화가 채팅방에 남기 때문에 수업이 끝난 이후에도 어떤 대화가 있었는지 확인할 수 있습니다.
- **톡캘린더로 일정 관리** : 톡캘린더로 과제 제출 등의 일정을 등록하고 공유한 후 일정 알림을 받습니다.

▲ 카카오톡

▲ 카카오톡TV

1. 온라인 교실 채팅방 만들기

❶ 카카오톡 앱(💬)을 터치하여 실행한 후 하단 메뉴 중 [채팅(💬)]을 터치합니다. 새로운 채팅을 만들기 위해 오른쪽 상단의 [🗨]를 터치하고 [일반채팅]을 선택합니다.

❷ 우리 반 학생을 검색 또는 직접 체크하여 모두 선택한 후 [확인]을 터치합니다. 온라인 교실 채팅방이 만들어졌습니다. [그룹채팅방 정보 설정하기]를 터치하여 채팅방 이름을 입력하고 [확인]을 터치합니다.

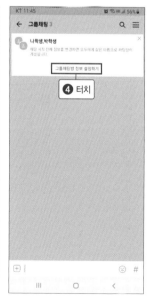

③ 그룹 채팅방 정보에 사진을 삽입하기 위해 [📷]를 터치합니다. 프로필 사진 등록 창에서 [앨범에서 사진 선택]을 터치하여 로고 그림을 선택합니다.

④ 삽입할 로고 그림 그대로 삽입하기 위해 [확인]을 터치한 후 그룹채팅방 정보 설정을 완료하고 [뒤로가기] ([←])]를 터치하여 온라인 교실 채팅방으로 이동합니다.

2. 투표 기능 활용하여 출석 체크하기

① 오른쪽 상단의 메뉴(≡)를 터치하고 [톡게시판]을 터치합니다. [투표] 탭을 터치하고, (✎)를 터치합니다.

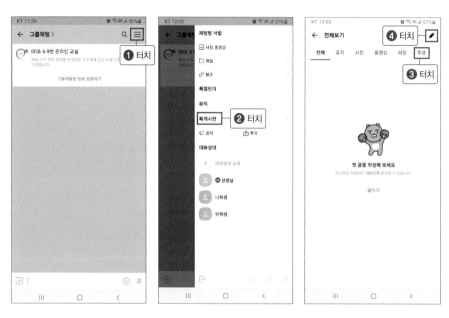

② 투표 제목을 입력하고, '텍스트'를 선택한 후 항목 입력에 '출석했습니다'를 입력하거나 다음 항목에 반대되는 내용을 입력합니다. '마감시간 설정'에서 날짜와 시간까지 설정합니다. [완료]를 터치합니다. 투표 제목과 미참여, 마감시간까지 표시된 것을 확인하고 [뒤로가기(←)]를 터치하면 온라인 교실 채팅방에 투표 기능이 삽입된 것을 확인할 수 있습니다.

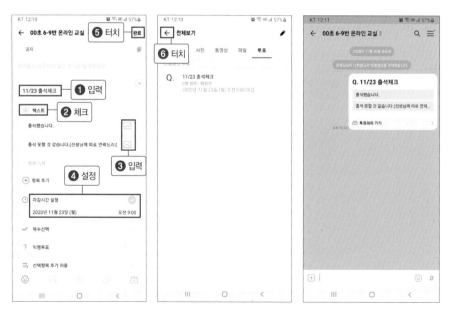

❸ 학생의 카카오톡 앱(💬)의 채팅 창에서 출석 체크하기 위해 [투표하러 가기]를 터치하여 '출석했습니다'를 선택하고 [투표하기] 버튼을 터치합니다. 그러면 선생님 카카오톡 앱(💬)의 채팅 창에서 출석 체크를 확인할 수 있습니다.

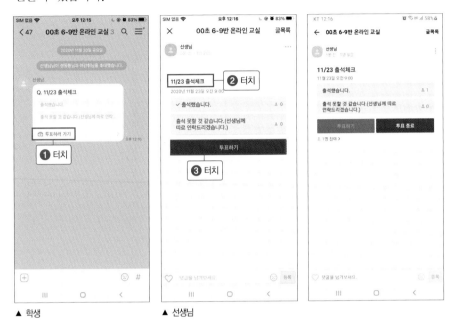

▲ 학생   ▲ 선생님

3. 연락처 공유하기

❶ 학생이 특정 학생의 연락처를 물어보면 선생님의 스마트폰에 저장되어 있는 연락처라면 간단하게 학생에게 공유할 수 있습니다. 메시지 입력 창 앞의 [⊕]를 터치하여 [연락처]를 선택하고 연락처 창에서 [연락처 보내기]를 터치합니다.

❷ 연락처 선택 화면에서 공유할 학생의 이름을 검색한 후 선택하고 [전송]을 터치합니다. 학생 연락처가 공유되었습니다. 학생이 전송된 연락처를 터치하면 학생 스마트폰에 자동으로 저장됩니다.

4. 모르는 단어 뜻과 길 찾기

❶ 메시지 입력 창에 '#모르는 단어 뜻'이라고 입력하고 전송합니다. 예를 들어, 발병 뜻을 모를 때 '#발병 뜻'을 입력하고 [▶]를 터치하여 전송한 후 '#발병'을 터치합니다. 바로 어학 사전에서 모르는 단어 뜻을 찾아줍니다.

❷ 메시지 입력 창에 '#길찾기'라고 입력하면 길 찾기에 관련된 단어가 나타나는데, '빠른길찾기'를 선택합니다. '#빠른길찾기'를 터치하면 길 찾기 서비스가 검색됩니다. 출발지와 도착지를 설정하고 교통수단을 선택하여 출발지부터 도착지까지 찾아가는 방법을 알아볼 수 있습니다.

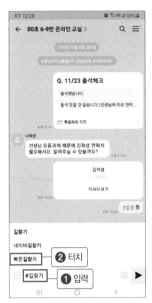

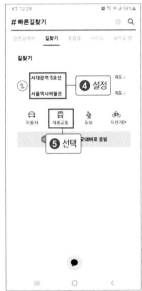

5. 특정 키워드 추가하고 알림받기

❶ 카카오톡 홈 화면의 오른쪽 상단 메뉴 중 [설정(⚙)]-[전체 설정]을 터치합니다. [알림]을 터치하고 [키워드 알림]을 터치합니다.

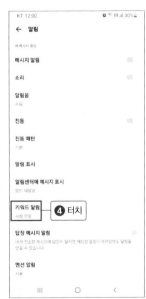

❷ 키워드 알림을 터치하여 활성화한 후 키워드에 '과제제출'이라고 입력하고 [추가]를 터치하여 설정합니다. 학생에게 '과제제출'이라는 키워드가 포함된 메시지를 받게 되면 알림음과 함께 추가한 키워드가 블록 지정되어서 알려줍니다.

추가한 키워드를 포함한 메시지를 받으면
알림음과 블록 지정된 키워드로 알려줌

Tip 키워드 알림의 '키워드 전용 알림음'에서 메시지 알림음과 다른 전용 알림음으로 설정할 수도 있고, 다른 키워드를 추가할 수도 있으며 추가한 키워드를 삭제할 수도 있습니다.

Tip 대화 백업하기

스마트폰 기기를 변경하거나 채팅 창의 대화를 저장하려고 할 때 대화 백업 기능을 사용하면 편리합니다. 카카오톡 홈 화면의 오른쪽 상단 메뉴 중 [설정(⊚)]–[전체 설정]을 터치합니다. [채팅]–[대화 백업]을 차례로 터치한 후 [대화 백업] 버튼을 터치하여 절차에 따라 대화를 백업합니다. 대화 백업한 파일을 다시 불러오려면 백업 시 설정한 비밀번호를 기억해 두었다가 입력해야 합니다.

1. 프로필 가리고 캡처하기

❶ 채팅 창 캡처 시 다른 사람의 초상권 보호를 위해 프로필을 가리고 캡처할 수 있습니다. 메시지 입력 창 앞의 [⊞]를 터치하여 [캡처]를 터치합니다. 채팅 창을 캡처하기 위해 캡처를 시작할 곳을 터치하고, 캡처를 끝낼 곳을 터치하여 캡처 영역을 선택합니다. 아래쪽의 '프로필 가리기'에 체크하고 다운로드하기 위해 [⤓]를 터치합니다.

▲ 프로필 가리고 캡처

❷ 갤러리에서 프로필을 가리고 캡처한 사진을 확인할 수 있습니다.

◀ 갤러리

2. 이미지 전송 시 화질 선택해서 보내기

❶ 메시지 입력 창 앞의 [⊞]를 터치하여 [앨범]을 터치하고 전송할 사진을 선택한 후 [•••]를 터치합니다.

❷ 화질 창에서 원하는 화질을 선택하고 [확인]을 터치합니다. 좋은 화질을 보내려면 원본이나 고화질을 선택하고, 빠르게 전송하려면 '일반 화질'을 선택하고 [▶]를 터치합니다.

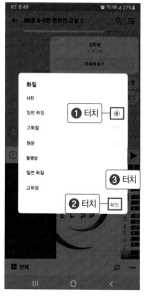

3. 초대 거절하고 나가기

① 원치 않는 채팅방에 초대되었을 때 오른쪽 상단의 메뉴(≡)를 터치하고 [나가기(📄)]를 터치하여 그냥 나가지 말고 설정(⚙)을 터치합니다.

② [초대거부 및 나가기] 버튼을 터치합니다. 초대 거부 및 나가기 창에서 다시 채팅 창에 입장할 수 없는 것을 확인한 후 '위 내용을 모두 확인하였습니다.'에 체크하고, [확인]을 터치하면 채팅방에서 나가게 됩니다.

4. 수신확인 숫자 사라지지 않게 메시지 읽기

❶ 카카오톡에서 새 메시지를 수신하였을 때 스마트폰의 알림 창을 내려서 [비행기 모드(✈)] 메뉴를 실행합니다. 메시지를 확인하면 상대방의 채팅 창에서는 수신확인 숫자가 사라지지 않습니다.

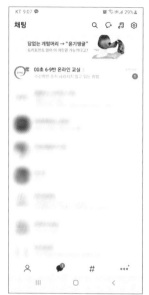

❷ 카카오톡 채팅 창에서 메시지를 확인해도 상대방의 채팅 창에서는 수신확인 숫자가 사라지지 않습니다.

▲ 선생님 카카오톡

▲ 학생 카카오톡

5. 명언 공유할 때 텍스트콘으로 꾸며서 보내기

❶ 채팅 창의 메시지 입력 창에 '#텍스트콘'이라고 입력한 후 [▶]를 터치하여 전송합니다. 채팅 창의 '#텍스트콘'을 터치합니다. 텍스트콘 창이 열리면 [직장인 어록], [생활 명언] 탭을 터치하여 원하는 명언을 선택하여 꾸밀 수 있으나 [직접입력] 탭을 터치하여 화면처럼 입력합니다.

Tip 텍스트콘이란?
텍스트+이모티콘으로 텍스트는 '배달의 민족 주아체'로 되어 있고, 이모티콘을 포함하여 대화방에 공유할 수 있습니다. 띄어쓰기 포함해서 1줄 당 12글자,
최대 4줄까지 작성할 수 있습니다.

❷ 입력한 명언을 미리보기 위해 [미리보기]를 터치합니다. 아래쪽에서 텍스트+이모티콘+배경화면으로 꾸며진 모습을 볼 수 있습니다. 오른쪽에서 배경을 선택한 후 [💬]를 터치하여 대화방에 공유합니다.

6. 캘린더 활용하여 일정 공유하기

1 메시지 입력 창 앞의 [⊞]를 터치하여 [캘린더]를 터치합니다. 일정 만들기 창이 아래쪽에 나타나면 제목을 입력하고, 시작과 종료의 날짜 및 시간을 각각 터치하여 설정한 후 [보내기] 버튼을 터치합니다. 채팅 창에 일정이 공유되었습니다.

▲ 선생님 카카오톡

2 학생 스마트폰에서도 공유된 일정을 확인할 수 있습니다. 중요한 일정이므로, 알림 설정을 편집하기 위해 [일정보기]를 터치합니다. [•••]–[편집]을 터치합니다. [15분 전 알림]을 [5분 전 알림]으로 수정하고, [저장]을 터치한 후 [참석]을 터치하고 [✕]를 터치하여 창을 닫습니다.

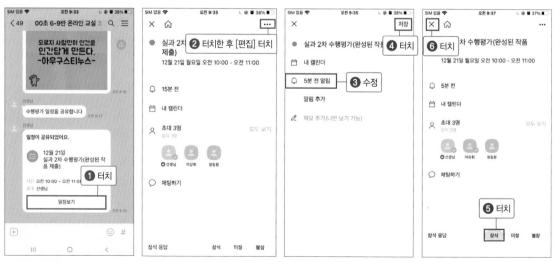

▲ 학생 카카오톡

❶ 메시지 입력 창 앞의 [⊞]를 터치하여 [라이브톡]을 터치합니다. 라이브 시작 대기 화면에서 [라이브톡 시작] 버튼을 터치합니다. 학생 카카오톡의 대화 창에서도 [라이브톡 시작]을 터치합니다.

▲ 선생님 카카오톡

▲ 학생 카카오톡

❷ 기본 옵션이 전면 카메라로 되어 있어서 선생님 얼굴이 보이게 되고, 학생들 카카오톡에서도 선생님 얼굴을 보면서 수업하게 됩니다.

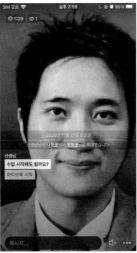

▲ 선생님 카카오톡   ▲ 학생 카카오톡

> **Tip 카카오톡 PC 버전**
> 카카오톡(https://www.kakaocorp.com)에 접속하여 [서비스]-[커뮤니케이션]-[카카오톡] 메뉴를 클릭합니다. 오른쪽 상단의 [다운로드]를 클릭하여 PC 버전 중 [Windows]용을 클릭하여 설치 파일을 다운로드하여 설치합니다. PC용 카카오톡에서도 라이브톡을 할 수 있습니다.

❸ 아래쪽 메시지 입력 창에 메시지를 입력하여 수업 중에 질문을 주고받을 수 있습니다.

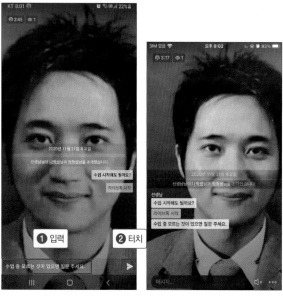

▲ 선생님 카카오톡　　　▲ 학생 카카오톡

(Tip) **더보기(○○○) 옵션**

[더보기(○○○)]를 터치하여 마이크, 카메라를 끄거나 켤 수 있고,
채팅 보지않기를 터치하면 대화 내용을 숨기게 됩니다.

라이브톡
마이크 끄기
카메라 끄기
채팅 보지않기

❹ 온라인 수업을 종료하려면 라이브톡의 화면을 터치하고, [종료]를 터치합니다. 라이브톡을 종료하겠냐는 창에서 [확인]을 터치합니다.

1. 카카오TV 회원 가입하기

① 크롬( ) 웹 브라우저를 실행한 후 카카오TV(tv.kakao.com)에 접속합니다. 오른쪽 상단의 [로그인]을 클릭합니다.

> **Tip 카카오TV**
>
> 카카오TV는 40명 이상이 동시에 접속하여 강의를 들을 수 있고, PC 화면 보여주기, PC에 파일 재생 등 보다 전문적인 온라인 수업을 진행할 수 있습니다.

② 카카오톡 계정으로 아이디와 비밀번호를 입력하고, [로그인] 버튼을 클릭합니다.

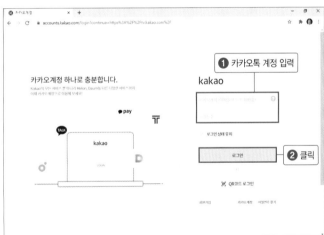

③ 카카오TV에서 방송하려면 프로필을 설정하고 가입해야 합니다. 오른쪽 상단의 [프로필 아이콘( )]을 클릭합니다.

❹ 이용약관 동의에만 체크하고, [다음 단계로] 버튼을 클릭합니다.

❺ 프로필 설정 화면에서 중복되지 않는 닉네임을 입력하고, [시작하기] 버튼을 클릭합니다.

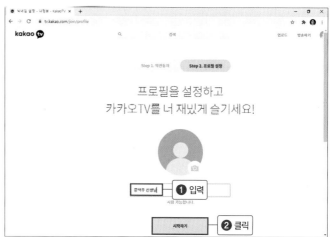

❻ 회원가입을 알리는 창에서 [확인] 버튼을 클릭합니다.

2. 카카오TV 방송하기

❶ 오른쪽 상단의 [방송하기]-[팟플레이어 방송하기]를 클릭합니다.

❷ 라이브 방송을 위해 팟플레이어를 다운로드하겠냐는 창에서 [다운로드]를 클릭합니다.

❸ 본인 컴퓨터 사양에 맞는 버전에 맞는 [다운로드] 버튼을 클릭합니다. 하단에 설치 파일이 다운로드되면 클릭하여 설치를 진행합니다. 절차에 따라 진행하면 추가 코덱을 설치할 수 있습니다. 추가 코덱까지 설치되면 자동으로 팟플레이어가 실행됩니다.

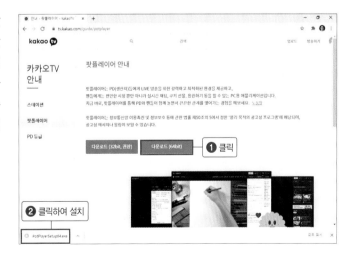

④ 팟플레이어가 실행되면 [방송하기] 버튼을 클릭합니다.

⑤ 방송을 시작하기 전에 방송정보를 설정하기 위해 [방송정보] 탭을 터치하고, 제목 부분을 클릭합니다. 한 번 더 카카오 로그인 창이 나타나면 카카오톡 계정으로 로그인합니다.

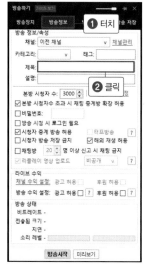

⑥ 제목과 설명을 입력하고, 비밀번호 등도 설정할 수 있습니다. 해외 재생을 허용하지 않으려면 '해외 재생 허용'에 체크 해제합니다. 카테고리는 '시사/교양'으로 설정합니다.

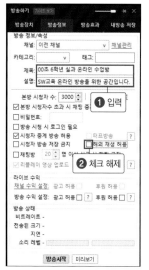

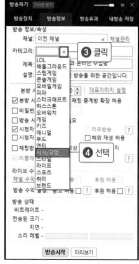

⑦ [방송장치] 탭을 터치합니다. 웹캠을 설정하기 위해 [웹캠]을 터치하고, 비디오 캡처 장치에서 PC의 웹캠이 설정되어 있는지 확인합니다. [방송시작] 버튼을 터치한 후 Live방송 유의사항 창에서 '위 내용에 동의합니다.'에 체크하고 [Live 방송 시작하기] 버튼을 터치합니다.

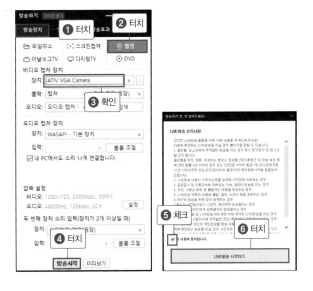

> **Tip** 미리 사용자 컴퓨터에 웹캠과 마이크가 설치되어 있어야 라이브 방송을 할 수 있습니다. 웹캠을 이용해서 방송할 때는 선생님께서 칠판 등을 활용해서 수업할 때 사용하면 편리합니다.

⑧ 라이브 방송이 시작되었습니다. 라이브 방송을 다른 사람들과 공유하기 위해 [🔗]를 클릭합니다. 주소 퍼가기에서 PC웹팝업뷰의 [복사하기] 버튼을 클릭하고 [확인] 버튼을 클릭합니다.

⑨ 공유할 사람들에게 복사한 주소를 메일이나 메신저로 공유합니다. 메일이나 메신저를 받은 사람의 PC에서 복사한 주소로 접속하면 라이브 방송을 통해 온라인 수업을 받을 수 있습니다.

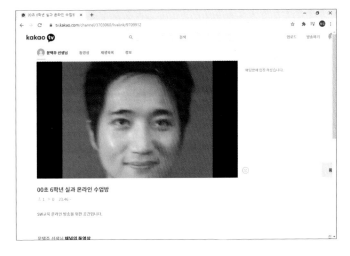

카카오TV로 화면의 일부분만 보여주면서 방송할 수 있나요?

카카오TV에서 방송장치를 스크린 캡처에서 '기본 스크린 캡처'로 설정하면 화면의 일부분만 보여주면서 방송을 할 수 있습니다.

❶ 방송하기 창에서 [방송장치] 탭을 터치한 후 [스크린캡처]를 터치합니다. 비디오 캡처 장치에서 장치 중 화면 전체를 보여주려면 [윈도우 선택 스크린 캡처]를 선택해야 하는데, 화면의 일부분만 보여주기 위해 [기본 스크린 캡처]를 터치합니다. [방송시작] 버튼을 터치한 후 Live방송 유의사항에 동의하고 [Live방송 시작하기] 버튼을 터치합니다.

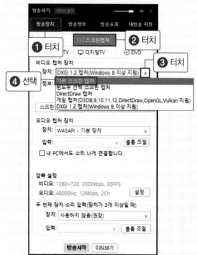  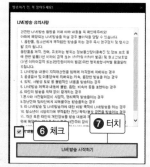

❷ 미리 컴퓨터 화면에 방송에서 보여줄 프로그램을 실행해 놓습니다. 방송이 시작되면서 카메라 창이 나타나는데, 보여주고 싶은 부분만 드래그하여 설정합니다. 그러면 카카오TV가 카메라 창에서 설정한 부분만 보여주면서 방송을 할 수 있습니다.

▲ 방송 자료 화면

▲ 카카오TV